實戰智慧叢書 310 李仁芳 策劃

王永慶奮鬥傳奇

郭泰 著

實戰智慧叢書 310

王永慶奮鬥傳奇

原實戰智慧叢書 H1004《王永慶奮鬥史》

作　　者——郭　泰

封面照片——天下雜誌提供

內頁照片——聯合知識庫、陳輝明等提供

封面設計——唐壽南

責任編輯——鄒恆月

財經企管叢書總編輯——吳程遠

策　　劃——李仁芳博士

發 行 人——王榮文

出版發行——遠流出版事業股份有限公司

臺北市100南昌路2段81號6樓

郵撥／0189456-1　　傳真／2392-6658

電話／2392-6899

著作權顧問——蕭雄淋律師

法律顧問——王秀哲律師・董安丹律師

排　　版——中原造像股份有限公司

2005年 7 月 1 日　初版一刷

2008年 10 月 20 日　初版三刷

行政院新聞局局版臺業字第1295號

新台幣售價 280 元（缺頁或破損的書，請寄回更換）

ISBN 957-32-5539-1

YLib 遠流博識網

http://www.ylib.com E-mail:ylib@ylib.com

http://www.ylib.com /ymba　E-mail: ymba@ylib.com

《實戰智慧叢書》

出版緣起

王榮文

在此時此地推出《實戰智慧叢書》，基於下列兩個重要理由：其一，臺灣社會經濟發展已到達了面對現實強烈競爭時，迫切渴求實際指導知識的階段，以尋求贏的策略；其二，我們的商業活動，也已從國內競爭的基礎擴大到國際競爭的新領域，數十年來，歷經大大小小商戰，積存了點點滴滴的實戰經驗，也確實到了整理彙編的時刻，把這些智慧留下來，以求未來面對更嚴酷的挑戰時，能有所憑藉與突破。

我們特別強調「實戰」，因爲我們認爲唯有在面對競爭對手強而有力的挑戰與壓力之下，爲了求生、求勝而擬定的種種決策和執行過程，最值得我們珍惜。經驗來自每一場硬仗，所有的勝利成果，都是靠著參與者小心翼翼、步步爲營而得到的。我們現在與未來最需要的是腳踏實地的「行動家」，而不是缺乏實際商場作戰經驗、徒憑理想的「空想家」。

我們重視「智慧」。「智慧」是衝破難局、克敵致勝的關鍵所在。在實戰中，若缺乏智慧的導引，只恃暴虎馮河之勇，與莽夫有什麼不一樣？翻開行銷史上赫赫戰役，都是以智取勝，才能建立起榮耀的殿堂。孫子兵法云：「兵者，詭道也。」意思也明指在競爭場上，智慧的重要性與不可取代性。

《實戰智慧叢書》的基本精神就是提供實戰經驗，啓發經營智慧。每本書都以人人可以懂的文字語言，綜述整理，爲未來建立「中國式管理」，鋪設牢固的基礎。

遠流出版公司《實戰智慧叢書》將繼續選擇優良讀物呈獻給國人。一方面請專人蒐集歐、美、日最新有關這類書籍譯介出版；另一方面，約聘專家學者對國人累積的經驗智慧，作深入的整編與研究。我們希望這兩條源流並行不悖，前者汲取先進國家的智慧，作爲他山之石；後者則是強固我們經營根本的唯一門徑。今天不做，明天會後悔的事，就必須立即去做。臺灣經濟的前途，或亦繫於有心人士，一起來參與譯介或撰述，集涓滴成洪流，爲明日臺灣的繁榮共同奮鬥。

這套叢書的前五十三種，我們請到周浩正先生主持，他爲叢書開拓了可觀的視野，奠定了紮實的基礎；從第五十四種起，由蘇拾平先生主編，由於他有在傳播媒體工作的經驗，更豐實了叢書的內容；自第一一六種起，由鄭書慧先生接手主編，他個人在實務工作上有豐富的操作經驗；自第一三九種起，由政大科管所教授李仁芳博士擔任策劃，希望借重他在學界、企業界及出版界的長期工作心得，能爲叢書的未來，繼續開創「前瞻」、「深廣」與「務實」的遠景。

《實戰智慧叢書》

策劃者的話

企業人一向是社經變局的敏銳嗅覺者，更是最踏實的務實主義者。

九〇年代，意識形態的對抗雖然過去，產業戰爭的時代卻正方興未艾。

九〇年代的世界是霸權顛覆、典範轉移的年代：政治上蘇聯解體；經濟上，通用汽車（GM）、IBM虧損累累——昔日帝國威勢不再，風華盡失。

九〇年代的台灣是價值重估、資源重分配的年代：政治上，當年的嫡系一夕之間變偏房；經濟上，「大陸中國」即將成爲「海洋台灣」勃興「鉅型跨國工業公司（Giant Multinational Industrial Corporations）的關鍵槓桿因素。「大陸因子」正在改變企業集團掌控資源能力的排序——五年之內，台灣大企業的排名勢將出現嶄新次序。

企業人（追求筆直上昇精神的企業人！）如何在亂世（政治）與亂市（經濟）中求生？外在環境一片驚濤駭浪，如果未能抓準新世界的砥柱南針，在舊世界獲利最多者，在新世界將受傷最大。

亂世浮生中，如果能堅守正確的安身立命之道，在舊世界身處權勢邊陲弱勢者，在新

李仁芳

世界將掌控權勢舞台新中央。

《實戰智慧叢書》所提出的視野與觀點，綜合來看，盼望可以讓台灣、香港、大陸，乃至全球華人經濟圈的企業人，能夠在亂世中智珠在握、回歸基本，不致目眩神迷，在企業生涯與個人前程規劃中，亂了章法。

四十年篳路藍縷，八百億美元出口創匯的產業台灣（Corporate Taiwan）經驗，需要從產業史的角度記錄、分析，讓台灣產業有史為鑑，以通古今之變，俾能鑑往知來。

《實戰智慧叢書》將註記環境今昔之變，詮釋組織興衰之理。加緊台灣產業史、企業史的紀錄與分析工作。從本土產業、企業發展經驗中，提煉台灣自己的組織語彙與管理思想典範。切實協助台灣產業能有史為鑑，知興亡、知得失，並進而提升台灣乃至華人經濟圈的生產力。

我們深深確信，植根於本土經驗的經營實戰智慧是絕對無可替代的。另一方面，我們也要留心蒐集、篩選歐美日等產業先進國家，與全球產業競局的著名商戰戰役，與領軍作戰企業執行首長深具啟發性的動人事蹟，加上本叢書譯介出版，俾益我們的企業人汲取其實戰智慧，作為自我攻錯的他山之石。

追求筆直上昇精神的企業人！無論在舊世界中，你的地位與勝負如何，在舊典範大滅絕、新秩序大勃興的九〇年代，《實戰智慧叢書》會是你個人前程與事業生涯規劃中極具座標參考作用的羅盤，也將是每個企業人往二十一世紀新世界的探險旅程中，協助你抓準航向，亂中求勝的正確新地圖。

【策劃者簡介】李仁芳教授，一九五一年生於台北新莊。曾任職於輔仁大學管理學研究所所長，兼企管系系主任，現爲政治大學科技管理研究所所長，主授「創新管理」與「組織理論」，並擔任聲寶文教基金會與聲寶工業研究所董事，以及管理科學學會大專院校管理學術促進委員會主任委員。近年研究工作重點在台灣產業史的記錄與分析。著有《管理心靈》、《產權體制、工作組織人際關係與組織生產力》、《7-ELEVEN統一超商縱橫台灣》等書。

目錄

他們眼中的王永慶

王永慶是我最敬佩景仰的企業家

王永慶是我最敬佩景仰的企業家。有一次我帶兒子去見王永慶，王永慶送他兩個字：「信用」。就是紮紮實實做事，講得出來就要做到，不要好逸惡勞，才能學到更多東西。

——摘自中天「影響一百」節目中，鴻海精密工業公司董事長郭台銘先生接受主持人蕭裔芬的訪問

他們眼中的王永慶

我從王永慶身上學習實做精神

永豐餘集團董事長何壽川先生說：「我從王永慶身上學到實做的工作態度。」王永慶做事、與員工討論問題，往往很深入、很執著地去改善問題，無論是談成本或工程上的問題，王永慶都很了解，鉅細靡遺。

——摘自二〇〇二年十月號《e天下雜誌》

導讀推薦

怎樣學會走自己的路

許士軍

王永慶先生無疑是台灣最成功的企業家之一，過去我曾有一段時間在台塑集團內幸得機緣親身體驗台塑企業的某些實際經營，並直接觀察與學習王永慶先生的領導作風。對他能夠一路走來，創辦出和領導這麼大的事業，並未受到他個人年齡的任何影響，十分欽佩，而這種鍥而不捨，數十年如一日的精神更令人尊敬。不過受邀在寫關於《王永慶奮鬥傳奇》一書之前，或容我提供一些個人對「王永慶式成功」的一番解讀。

內化和深化的「台塑文化」

檢視王永慶的成功之道，首先在於他為這一企業塑造了一種強烈的企業文化，滲透到公司裡中、高、低各階層員工的處事準則及行為裡，達到一種內化的程度，甚至還細微地體現在台塑的軟硬體——舉凡報表的設計、資訊系統、辦公室設備的配置等，台塑企業之所以能夠做到他人所不能的原因基本上即來自這種文化。

在相當關鍵程度上，台塑企業文化乃反映了王董事長的人格特質，一個領導者的個人風格可以內化到公司裡頭這麼深，我想在古今中外的企業，都是很罕見的。我姑且做一個或許有點誇張的比喻，觀察台塑的經驗裡，每一個台塑員工在日常工作上彷彿都有一種「王永慶先生就在旁邊看著你做」的臨淵履冰之感。透過這種文化所營造出強烈的企業內部控制張力，王永慶先生在管理上那種讓下屬們又敬、又愛、又怕的能耐可想而知。

強勢領導和內聚力

在王董事長的強勢領導以及極強的文化內聚力下，使得公司人員對「公司該做什麼、不該做什麼，及該做的事的優先順序」，一旦決定之後，很快便有高度共識。台塑文化的精髓便是王永慶先生高倡的「勤勞樸實」和「追根究底」的精神。在這種精神下，公司整體表現的，便是嚴格紀律，降低成本和數字管理，以及多年來台塑很早就重視電腦在管理上的應用。

王先生還有一點令人不得不稱許讚嘆的，則是他準確的事業眼光。

精準的經營眼光和策略

從早年介入石化業、爾後創辦規模宏大的長庚醫院體系，近年看準「養生村」的銀髮族市場；這些生意都是在商業模式尚混沌或還沒有企業敢搶先冒進之際，王永慶就敢於開疆拓土，建立新的事業。如果說台塑的風格反映了王永慶在執行面上的紀律，那他涉入各個新事業的歷程則說明了他在策略面上的智慧與卓見。

至於王永慶這些個人的風格及智慧是從何而來，他對經營管理的領悟又和他刻苦成長的經驗有什麼關係，本書裡有條理分明的因果分析。藉著本書作者對王永慶成功經驗的細密研究，以及深入淺出地引介王永慶對己、對人、對事的看法，讀者自當不難理解這位傑出的實業家，如何在當年那個人才、資金、技術都還缺乏的台灣脫穎而出、興業有成。

不是模仿，而是找出自己的道路

最後還不免要「善意提醒」本書的年輕讀者們，王永慶式的成功有其主、客觀的因素，尤其他的管理風格也建立在特殊個人性格和產業特質等條件上，未必都能模仿或複製，因此這一切是不是適用於未來不同的時代和不同的產業仍有討論的空間，或有待時間驗證。

所以，這本書可不是純粹要你去「學王永慶」——事實上在你這個年代裡，恐怕你想學也學不來。但是讀完這本王永慶發跡和創業的流暢著作，你也應該開始認眞思考自己身處的時代是什麼樣子，並和王永慶一樣不要爲當下環境所限努力不懈。

（許士軍教授口述，鄭俊平整理）

（本文作者為元智大學遠東管理講座教授，中華民國管理科學學會理事長）

延伸導論

王永慶的三種用法

詹宏志

言行充滿傳奇色彩的台灣首富王永慶，時時刻刻都要面對許多好奇、探究的眼睛，也不免要遭到許多奇特的描述和論斷。僅僅一九八五年，《大人物雜誌》說他是「台灣第一神秘」；《卓越雜誌》選出他所主持的台塑集團是「最卓越的集團企業」；當年華視綜藝電視節目「週末派」做調查，則發現他是台灣青少年最崇拜的偶像人物。

這些雜誌、節目、團體所關心的、觀察的王永慶，眞的是同一個人嗎？我的意思是說，他們在談王永慶的時候，心中所持的是同一個概念嗎？

「王永慶」的三種意涵

「王永慶」一辭，如果我們仔細檢查社會大眾的使用，可以發現它實際上包含了三種不同的用法：

第一種：當作「普通名詞」使用的王永慶。

你可能聽過這樣的用法：「哎呀，我又不是王永慶。」或者「他那種大手筆，就是五個王永慶也不夠他花。」

這個時候，王永慶實際上是一個可數的普通名詞，意思指的是「億萬富翁」或「很有錢的人」。像「週末派」調查出來的結果，那位受盡青少年崇拜的偶像人物，我懷疑就是一個普通名詞——青少年只是用它來指「擁有很多金錢」的價值概念而已。

第二種：當作「指類名詞」使用的王永慶。

你大概也聽過這一類的用法：「他可以說是汽水業的王永慶。」或者「他就是新加坡的王永慶。」

這個時候，王永慶實際上是一個用來表明前一個名詞的「種屬」的指類名詞，它所指的「種屬」大概包括「經營之神」、「業界之首」之類的意思。

第三種：當作「專有名詞」使用的王永慶。

當你聽到這樣的用法：「王永慶在經革會上每每出言驚人」或者「王永慶

列名個人所得稅繳納金額的排行榜」。這個時候，王永慶才落實成爲某一個具體存在的人物的姓名。它所指的，很可能就是這位主持臺塑企業集團、號稱台灣首富的王永慶。

形象和眞實之間

爲什麼要這樣不厭其煩地指陳「王永慶」一辭的使用？

以我的看法，形象和眞實有時候是兩件不盡相同的事。「形象」經常是一個概念，它從眞實的人物身上，抽粹出若干屬性，再將之化約成一個概念。整個社會大眾，從來就是通過這個概念去「認識」那位眞實的人。

當我們說：

——「精忠岳飛」（概念是忠的最高標準）；

——「義薄雲天關雲長」（概念是義的最高標準）；

——「趙鐵頭」（概念是其堅如鐵的意志）；

——「臺灣第一不要臉」（概念是不要臉）；

——「臺灣第一超級肉彈」（概念是性感與大膽）；……

這些時候，我們都把眞實的人物簡化成一個概念；而當我們只認識這個「概念化的人」的時候，這個概念就成了這個人的「形象」。

通過概念來認識一個眞實的人，當然是危險的，但也是不得已的。我們的確沒有能力掌握足夠的資料去了解每一個全面的、立體的人物，通過概念則是個捷徑。

但是對於王永慶這樣的重要人物，我們透過概念去認識他，可能會失之於過簡——甚至有副作用，使「富」本身進化成「道德」（如「卓越」），或進化成「神性」（像「經營之神」）。

彌補這種概念化理解缺點的辦法之一，是爲王永慶立傳。

中國史學傳統中，不太爲商人立傳。史記《貨殖列傳》中提到幾位大商人，大概只有白圭，述及他的經營哲學；其他人都是寥寥數筆。漢代桑弘羊，以洛陽賈人之子從政，但歷史上對他的記載集中在他的政治活動。

在現代社會中，商人對整個社會的影響力與發展依存恐怕愈來愈重要，甚至超過許多政治人物之上。對於這些對社會影響深遠（貢獻良多或者爲害長遠）的商人，我們的確有必要發展一套標準，尋找可貴的商人「典型」，或貶斥爲富不仁的商人——就像數千年來我們對政治人物的態度一樣。

以台灣來看，尋找商人的價值，尋找商人的典型，就請從研究王永慶開始。

（本文作者為創意工作者，前城邦文化集團董事長）

自序

王永慶創造了哪些傳奇？

在台灣，王永慶是一位婦孺皆知的傳奇人物，大家只知道他白手創業，開過米店，做過木材生意，後來從事塑膠發大財，成爲台灣首富，到底他創造了哪些傳奇呢？

第一，從赤貧到富翁的傳奇

他以兩百元創業開米店，憑著他天生的生意頭腦，從提高米的品質，主動送米到府，客戶發薪日才去收米款等方面努力，爭取到大量的顧客，十年後所賺的錢就可以買下二十一甲半的山林地，而後轉入木材業，短短三年內全台灣超過一半的營造廠都成爲他的客戶，並於三十歲時賺到新台幣五千萬元。

第二，締造塑膠王國的傳奇

王永慶於一九五四年設立台塑，一九五七年開工生產的一千噸 PVC塑膠粉一噸也賣不出去。後來，在一九五八年成立南亞（塑膠二次加工廠）與卡林、新東（塑膠三次加工廠），藉由加工後的塑膠產品打開外銷市場，促成了PVC塑膠粉的蓬勃發展。五十年後，台塑集團已成爲石化巨人，二〇〇四年的營業額高達一兆二千億，獲利達一千七百億元。

第三，垃圾變黃金的傳奇

他擅長在平常事物中看到商機，化腐朽爲神奇，把垃圾變成黃金。二次世界大戰時，他用被丟棄的高麗菜菜根與粗葉餵養瘦鵝，兩個月後兩斤重的瘦鵝重達七、八斤，這是實例之一（參閱拙作《王永慶給年輕人的8堂課》中第三堂課「瘦鵝理論」）。近年來，他在台灣各地回收廚餘，製成有機肥料，眞正把垃圾變成黃金，這是實例之二（參閱本書第六篇「三個夢想，挑戰未來」）。

第四，兩元投資報酬率的傳奇

根據《財訊月刊》的分析，從一九九四年至二〇〇三年的十年間，長期投資台塑三寶（即台塑、南亞、台化）的投資人，平均每年配給兩元左右的股利。只要對股市稍有認識的人都知道，十年來不論景氣好壞，年年發放兩元股利給投資者，這是非常了不起的經營成果。

第五，開發電動汽車的傳奇

全世界石油蘊藏量大約在四十年內用罄，屆時沒有石油就沒有煉油與石化工業，王永慶必須爲未來的台塑另找生機。電動車必定是未來全球的明星產品，而開發電動車的關鍵就在電池。目前王永慶拚全力開發的鎳酸電池，正朝他的理想造價一二〇美元努力之中。（參閱本書第六篇「三個夢想，挑戰未來」）。

第六，永不退休的傳奇

王永慶到二〇〇五年一月就滿八十八歲，辜振甫、徐有庠、吳火獅、陳茂榜、蔡萬書、何傳等，早已退休或仙逝，他依然勇往直前，奮戰不懈。秉持「只要活一天，就得做一天事」的理念，正向高難度的電動車挑戰之中。衡諸已往輝煌的戰果，筆者認爲成功的可能性很高。

除了上述的六大傳奇之外，本書還包含了下列的內容：

他童年的成長過程？

他成功的因素？

他的性格？

他如何教育子女？

他的接班人？

他爲何創辦學校與醫院？

他如何回報社會？

他的三大夢想？

本書是拙作《王永慶奮鬥史》的二〇〇五年修訂版，因爲修訂的幅度甚大，故改書名爲《王永慶奮鬥傳奇》。本書除了對王永慶成長的過程與其未來三個夢想有較深入的剖析之外，對王永慶的塑膠王國，也從原來的台塑與南亞，寫到興建六輕、赴美設廠以及大陸的布局。

另外，對王永慶母親的行事風格，及她如何在王家絕境中帶領全家度過難關，在本書中也有詳實的描述。王永慶的人格成長受其母親的影響甚大，此部分值得特別推薦。

二〇〇五年五月二十四日於半張

▲ 母親詹樣女士是影響王永慶最大的人　（大人物雜誌 韓舞麟攝）

第一篇

與命運搏鬥

1　貧苦童年

2　米店・磚窯・木材

1 貧苦童年

一九一七年一月十八日，王永慶出生於台北縣新店鎮直潭里，俗稱「情人谷」的地方。

王永慶出生的時候，村裡住著數百戶人家，讀書識字的沒幾個人，絕大多數是文盲。因爲不識字，所以討生活非常不容易，村裡許多男人在農閒時都到山上去做苦工。可是，苦工也不是隨時都有，必須四處請託才有得做，可以說要當牛都不一定找得到犁來拖，生活十分困苦。

當時村裡的主婦總是擔心米不夠吃，當米缸內的米快要見底時，就會眼巴巴地期望在山上做苦工的丈夫，快點寄錢回家。若是錢寄慢了，就要向鄰居借一點米，煮成很稀很稀的稀飯度個幾餐。好不容易錢寄回來了，趕緊買米還給鄰居。

有時候在山上做苦工的丈夫有事要與家裡連絡，託人寫幾個字連同錢一起寄回家。妻子收到信儘管內心焦急，然而因爲不識字，只得等村裡少數識字的人有空了，經過一番解說，總算知道丈夫寫的是什麼。這時，如果需要回信的話，還得請人代筆，麻煩更多。

三餐常吃不飽

村民爲了節省米糧，三餐經常吃稀飯，稀飯消化快，所以吃完飯沒多久肚子就咕嚕咕嚕叫了。只有在年節的時候，家裡才會準備白飯與一點豬肉，痛痛快快地飽餐一頓；等年節一過，大家又開始吃稀飯了。

王家當年的生活也不例外，終年辛勞，只能勉強求得溫飽，日子過得辛苦。

王永慶的名字是祖父王添泉取的。王添泉以教書爲業，雖然他使王家添加些許的書香氣息，但是對困苦的生活毫無幫助。王添泉一生窘困，因此，不教兒子王長庚讀書識字。

王永慶感慨地說：「祖父教書，我的父親卻沒有唸書，這種情形你說可怕不可怕？還好我祖父只是教書，如果他當官的話，又會是怎麼個樣子？」❶

王永慶言下之意，是指一個錯誤的觀念影響之巨大。

村莊位置偏僻，四周圍都是山地，可耕作的面積不到百分之一，加上山地屬赤土石質，只生長矮樹和雜草。村民在如此惡劣的環境下，只有利用部分山坡地，種植茶葉維生。

王永慶的父親王長庚從事茶葉買賣的生意。在春夏產茶的季節裡，王長庚每天清晨四點就急忙出門，挨家挨戶到山地的種茶人家收購前一夜才烘焙好的乾茶葉，再僱工人挑回家。

收購來的乾茶葉，可區分爲上中下三種等級。上等（最好的）是銀白色，中等（一般的）是黑色，下等（粗茶）是黃銀色。這種把下等黃銀色茶葉挑出來的過程稱之爲選茶。

這些下等黃銀色的茶葉經過乾燥之後，變得較易粉碎，再把它添加混合在中等的黑色茶葉裡（也就是下等茶葉混合中等茶葉），然後裝入茶袋❷，利用木舟順著新店溪運到台北大橋河邊，賣給當地的幾家茶館。

當時，王長庚大約是在直潭附近收購兩天的茶葉之後，就要跑一趟台北去賣茶。

由於茶葉的產期僅在春夏兩季，因此王長庚的茶葉生意只有半年可做。種茶維生的村民，到了秋季之後，除了小部分得以到山上做苦工之外，大部分人有半年的時間都賦閒在家。

王長庚腦袋比較靈活，當時茶山以外的山地，普遍種植相思樹，老樹砍伐以後都燒成木炭，王長庚在秋冬兩季，就改販賣木炭，到隔年的春天再恢復茶葉生意。雖然他春夏賣茶葉，秋冬賣木炭，終年辛勞，但由於生意的利潤微薄，僅換得勉強溫飽。

「滴油騙鍋」的苦生活

當時民不聊生，豬油是奢侈品，只有富有人家才吃得起。王母詹樣自己種菜吃，炒青菜不放油根本不能吃，放多一點又負擔不起，所以都是一點半滴的，套句俗話就是——「一滴油，騙騙鍋」。用一點半滴油炒出來的青菜，乾

❶王永慶於一九八二年六月二十七日，在明志校友會上的演講詞。
❷為了節省開支，這些茶袋都是由王母詹樣利用麵粉袋改製成的。

乾澀澀的，很不好吃；這麼難吃的青菜，有時吃剩了都還捨不得倒掉，留到下一餐再吃。

王家雖然生活清苦，但是女主人詹樣持家有方。她除了負責每天的三餐與洗衣等家務，以及加入選茶與製作茶袋的工作之外，她還種菜、種番薯、養豬，以貼補家用。種菜可省下菜錢，種番薯除了可以補充米糧的不足之外，還附帶有番薯葉，再取其粗梗、粗葉混合餿水煮成飼料餵豬。

如此節衣縮食，刻苦持家，十年如一日。詹樣慢慢積蓄了數千元，王家也在直潭地方成爲人人羨慕的小康之家。

王長庚身子單薄，體弱多病，除了買賣茶葉，一直無法勝任粗重的工作。不料就在他三十五歲那年（當時王永慶六歲），不知何故突然身染重病，病勢沉重到無法走路，有時會因排尿困難而痛苦的在病床上呻吟。

當時住在直潭的村民，若是罹患重病想要求醫，的確困難重重。一是龐大的醫療費絕非一般鄉下人所能負擔；二是從直潭到台北求醫，要僱轎抬病人，須經過兩道渡船，再翻越山路，路程遙遠，所費不貲。對窮困的鄉下人來說，沒錢醫病，就只好在家等死。

詹様是個非常堅強的女性，她決定不惜一切代價要治好丈夫的病。她花錢僱轎抬著王長庚，翻山越嶺，從直潭到台北，走遍台大、赤十字社、馬偕、洪長庚、林本源博愛等著名醫院，尋求名醫治療。

父親自殺未遂

大概有兩年多的時間，詹様帶著王長庚輾轉在上述的五家著名醫院求醫。經過兩年多、數位醫師的長期治療，王長庚的病不見起色，這時詹様的數千元積蓄已經全部花光，被迫只好打包回家，生死聽天由命。

回家後，王長庚的病情絲毫不見好轉，排尿依舊困難，每次都需要妻子處理之後，排尿才得通暢。

由於經過兩年多的病痛折磨，加上十年辛苦積蓄全部花光，一家生計已到山窮水盡的地步，王長庚爲免全家受到他的重病拖累，在一天晚上趁家人都熟睡時，奮力爬到茶葉工作間，決心要上吊自殺。他好不容易綁好了繩索，就在站起來的一剎那卻不支倒地。椅子摔落的聲音驚醒了妻子，她連忙趕到茶葉工作間，看到丈夫自殺未遂，兩人禁不住抱頭痛哭。一家人隨即被驚醒，全家陷入愁雲慘霧之中，難過、悲傷到了極點。

儘管悲傷至極，日子還是得過。這時，王長庚每天在生死邊緣掙扎，全家生計完全落在詹樣一人身上。她毅然決然挑起生活的重擔。在原有的選茶、製茶袋、種茶、種番薯、養豬之外，特別另外種植刈菜與芹菜來賣。

在農閒季節，她向隔壁農戶商借數十坪田地種植刈菜。詹樣利用豬糞施肥，用心照顧，所種的刈菜每棵重達數十台斤，這麼大的刈菜，不但非常罕見，而且在市場賣到好價錢。

另外，詹樣種植芹菜也很用心，特地利用桂竹的細枝搭成架覆蓋在上面，維持良好的生長條件，長出來的芹菜竟然長達三台尺以上，不但產量多，而且又香又脆，拿到市場去賣，很快就銷售一空。

此外，王永慶與弟妹們利用暑假期間，到新店賣花生，賺點錢貼補家用。

王家在詹樣開源節流的苦撐之下，日子總算能夠勉強度過。

王永慶說：「我父親病倒在床的兩年多期間，一家生計面臨絕境，幸好有我勤儉而偉大的母親竭力苦撐，才能照護著一家人安然度過，重啓生機。」❸

天下事往往否極就泰來。因一場重病而使王家幾乎陷入絕境的王長庚，在工作間上吊自殺未遂後一個多月，不知何故，身體逐漸好轉，不但慢慢能夠站立，而且能夠行走幾步。

到了隔年春天，王長庚幾近痊癒，於是立刻準備那一年的茶葉生意。當時家中已無分文存款，只得四處向親友商借生意週轉金，茶葉的買賣在停頓兩年之後，總算順利復業。

歷經兩年多的重病，隨時在鬼門關前徘徊，竟然短短數個月自然恢復，王長庚的起死回生可算是奇蹟。

成績總在最後十名

王長庚夫婦雖然不識字，而且家境也不寬裕，可是對子女的教育卻非常重視，王永慶七歲的時候，就被王長庚夫婦送到新店國民小學就讀。

王宅距離新店國小約十公里，王永慶一大早起床，在上學之前，得先到附近的水井[4]挑十幾桶水，把家中的大水缸填滿之後，才開始步行十公里上學。

[3]王永慶，《王永慶談話集第一冊》，二〇〇一年一月十五日《台灣日報社》出版，頁一七八。

他的書包只是一條粗布巾，雨具只有竹葉製成的斗笠帽，至於鞋子，那是根本想都沒有想到的奢侈品。

據王永慶回憶說：「大多數的同學衣服都破舊不堪，補了又補，連小學老師所穿的皮鞋也是一樣。」❺

當時鄉下每戶人家都需要人手幫忙下田或看牛，所以比較窮的人家都不讓他們的小孩上學。老師挨家挨戶登門造訪，希望能說服家長讓小孩去上學；老師費盡口舌，說明讀書的重要，家長仍不爲所動，總是基於現實生活的考量，以家中需要人手幫忙爲託詞而拒絕。

因爲這樣，很多鄉下小孩都擔誤了上小學的時間。所以，當王永慶進入新店國小唸一年級時，同班同學的年齡都比他大，有的甚至大他一倍。

放學後，王永慶經常要扛一袋五十台斤的飼料，走十公里路回家餵豬。回家後，放下飼料，又得挑水把廚房的大水缸再度塡滿。

王永慶回憶道：「那時我住在直潭，離新店國小約有十公里，來回當然是步行，當時感覺最討厭的是回家還得扛五十台斤的飼料。」❻

王永慶唸小學時，因爲不知道唸書的意義何在，所以對書本沒興趣，也從

來沒有認眞過，在校成績總是名列最後十名。❼

當時的小學和現在一樣，暑假大約有兩個月，每十天要返校一次，學校規定的每日暑假作業在返校日都要檢查。王永慶和其他大部分的小孩一樣，也都在返校的前一天晚上才把作業趕完，以備次日老師的檢查。總之，對於學校的功課都是馬馬虎虎，能應付過去就算了。

王永慶說：「每個人都有不同的天性，有的人喜歡唸書，有的人對這方面就不感興趣。我讀國民學校的時候，對唸書就缺乏興趣，現在回想起來，除了個人的因素之外，缺乏環境的引導也很有關係。」❽

有件事值得一提。

大家都知道鴉片是毒品，沾不得。可是當時鄉下的大地主卻讓他們的子弟

❹這座古井目前仍在直潭國小的校門下方。
❺王永慶於一九六六年六月，對台塑經營研究委員會委員的談話。
❻王永慶於一九七三年二月九日，在財政部稽核組的演講。
❼王永慶於一九八二年十月四日，在台塑第二期在職人員訓練班開訓時的訓勉詞。
❽同❼。

吸鴉片，以保住萬貫家產。

這話怎麼說呢？原來大地主有許多土地租給別人耕作，他每年只要收田租，就能賺進大筆財富，子孫怎麼吃都吃不完。可是，這些有錢人怕他們的子弟到外面交上壞朋友，染上嫖賭飲等惡習，把財產揮霍一空，所以就讓他們的子弟吸鴉片。子弟抽上癮之後，即使外出蹓躂，一定時間後就必須回家解癮頭，因此不會在外胡作非為，如此財產就可以確保。這種似是而非的想法在當時很盛行。就連王永慶的祖父王添泉也認為這樣做是對的。❾

當時直潭鄉內年長一輩的許多人有吸鴉片的習慣。王家鄰居很多人都有正式的鴉片證，憑證可以公開吸食。王長庚因受鄰居友人的影響，也跟著吸鴉片，甚至上了癮。為此，詹樣提出最嚴厲的抗議，夫妻常為此事而爭吵。詹樣認為吸鴉片上癮的人，不但會自毀前程，而且會連累一家人，使家庭陷入貧窮的困境。

王永慶回憶說：「由於母親對鴉片存有如此嚴厲的警惕心，所以從小就對我產生影響。今天我之所以特別關注台灣吃檳榔的問題，回想起來，應該也是從小受到母親的影響。」❿

做苦工仍須四處請託

在王永慶十歲時，有一天祖父告訴他說：「茶山將來會變成廢山，茶山是無根底的。」⓫

為什麼呢？祖父王添泉認為，茶樹種植於山地，為使茶樹發育良好，其周圍的雜草都要除去；由於雨水的沖刷使土壤流失，斜坡山地有一天會只剩下石頭。不但茶樹沒有前途，連種植其他樹木都有問題，所以，靠茶為業是沒有出路的，希望後代子孫不要靠茶維生，只有耕種田地才有希望。

當時王永慶心中很納悶：「祖父教我們不要靠茶為業，何以他不轉業呢？」

這個疑問他沒敢問祖父，直到以後他才慢慢了解。當時住在直潭鄉下，要到別處謀生談何容易！在鄉下，不種茶，有林地，應該可以從事木材生意吧？

❾王永慶於一九八二年六月二十七日，在明志校友會上的演講詞。
❿王永慶，《王永慶談話集第一冊》，二〇〇一年一月十五日《台灣日報社》出版，頁一七七。
⓫王永慶於一九七二年十一月一日，在明志工專對該校學生的演講。

其實不然，當時台灣是日本的殖民地，山林都是官有的，木材全由日本人的會社所經營，台灣人要做是不可能的。所以，只要能在山上謀得一份苦力的工作，塡飽肚子，就已經很不容易了，因爲要在日本人所經營的山林裡做苦工，還得四處找關係講情呢！

十五歲的決定

日本統治台灣五十年，當時台灣大約有數百萬人口，其中台灣人占九成，日本人只占一成，可是在殖民政策之下，無論教育、官員任用、薪資津貼等方面，對日本人與台灣人有很大的差別待遇。

以教育政策來說，當時師資最優良的台北帝大、成功工學院以及各地高等女子學校等，每年新生的錄取比例，日本人占百分之九十，台灣人僅占百分之十。另外，全台師資設備較佳的各個小學校則專供日本人子弟就讀；台灣人的子弟只能就讀師資設備較差的公學校。

在官員任用方面，以一般政府行政機關來說，台灣人僅占一、二成，而且都是低階的辦事員，其他全部由日本人擔任。在警局的任用方面，日本人一律從巡查（即警察）起用，若干年後即可擢升為警部（即警官）；台灣人則是由巡查補任用，服務若干年才有可能去掉「補」字，擢升為巡查。通常台灣人幹到巡查就到頂了，只有極少數能再晉升為警部的。⑫

在薪資津貼方面，相同職等職位的日本人可以比台灣人多領四成的外來津貼。舉例來說，台灣籍的官員若月薪是一百元的話，日本籍的官員月薪可領到一百四十元。

若只是差別待遇也就罷了，最慘的是被迫接受農地甘蔗三年輪作制的農民。

台灣的農地，除了每年可收穫兩季稻米之外，在季與季之間還可種植其他短期性作物增加收入。當時糖是台灣出口大宗，是日本人賺取外匯的主要來源，於是強迫農民接受三年輪作制。也就是三年的甘蔗輪作期一到，糖廠不須徵求耕種者的同意，就逕自派遣深耕犁鏟土翻地，改種甘蔗。

經過深耕犁翻過的農地，因鬆土層變得太厚，導致不適宜種稻，損失慘

⑫王永慶，《王永慶談話集第三冊》，二〇〇一年一月十五日《台灣日報社》出版，頁一七七。

重。更嚴重的是，改種甘蔗之後，到了收割期，糖廠往往因延誤收割過久，等到甘蔗收割完畢，已經錯過了耕種期。

王永慶說：「凡此種種所造成的困擾與損失，田戶們除了默默忍受之外，實在別無良策可以選擇。」[13]

他親眼目睹台灣農民遭受日本製糖會社的欺凌與剝削，讓他深深體會到身處殖民地的悲哀，竟然連自己的田地都沒有耕種的自由。

王永慶小學畢業後，基於祖父的一番話，再加上在家鄉連要做苦工賺錢的機會也沒有[14]，所以，在他十五歲那一年，就立志要出外去闖天下了。

⑬王永慶，《王永慶談話集第三冊》，二〇〇一年一月十五日《台灣日報社》出版，頁一七〇至一七一。

⑭王永慶於一九八三年十月二十六日，在美國賓州費城華頓學院的演講。

2 米店・磚窯・木材

日據時代的嘉義是台灣商業的重鎮，更是米穀的集散地。嘉南平原的米穀集中於此，南輸北往，生意熱絡，繁榮異常。

王永慶小學畢業後，因爲在家鄉找不到工作，所以在一九三一年，也就是他十五歲之時，在徵得父母同意，並經叔叔王水源的介紹之下，隻身來到嘉義當米店的小工。

王永慶回憶說：「我十五歲離開家鄉到嘉義當小工，那時一心所想的，就是能有個工作、不要餓肚子就好了。我不但沒有因爲離家而感傷，反而滿心的歡喜和安慰，因爲好不容易我終於找到工作，有飯吃了。」❶

白花花的米曾經是王永慶夢寐以求的食物，如今竟能與它終日爲伍，因此對這份工作非但興奮，而且格外地珍惜。他除了兢兢業業全力以赴之外，並用心觀察老闆經營米店的一些訣竅，做爲日後創業的準備。

十六歲創業開米店

短短一年之後，也就是十六歲那一年，王永慶以他父親王長庚四處張羅借來的兩百元做本錢，在嘉義開了一間小小的米店。當時，他的大弟王永成與二弟王永在都從家鄉直潭到嘉義的米店幫忙。

雖然先前累積了一年的經驗，但毫無人脈，米店初開張很困難，沒什麼生意。米店的銷售對象是每個家庭，而他們都已經有固定來往的米店。王永慶被迫只得與兩個弟弟挨家挨戶拜訪推銷。跑瘦了腿，說盡了好話，好不容易爭取到幾戶人家願意試用。

面對這種困境，王永慶心想：「如果我的米的品質與服務不比別人好的話，這幾家好不容易爭取來的試用客戶，說不定在試用之後，又會回頭向原來的米店購買。這麼一來，連原有的試用客戶都保不住，更談不上再去爭取其他

❶王永慶於一九八二年六月二十七日，在明志工專校友會上的講詞。
王永慶於一九八二年十月二十六日，在美國賓州費城華頓學院的演講。

新客戶了。」❷

於是，王永慶就在米的品質與服務上下苦功夫。

那時台灣農村還很落後，稻穀在收割之後，都會先舖在馬路上曬太陽讓它乾燥，稻穀送到碾米廠碾成米後，米堆裡還會有米糠、砂粒以及小石子等雜物。因爲這種現象很普遍，不但賣米的人忽略了，連買米的人也見怪不怪，不太在意。

王永慶認爲這樣的米不合格，品質太差了。於是他把米店所買進的每包白米，仔細將米糠、砂粒、小石子等雜物統統撿拾乾淨之後，再將米賣給顧客。

當時電話很不普遍，沒辦法以電話向米店叫米。買米一定要到街上的米店去買，就顧客來說很不方便，而且稍不留意，就會在要煮飯時才發現沒米了。就米店而言，呆坐店裡等顧客上門才有生意做，完全是被動的。

主動服務到家

王永慶在深入了解米的買賣習慣之後，就想出一套改被動爲主動的服務方法。

當顧客上門來買米時，他就提出一個要求：「您要買的米，我幫您送到家裡好嗎？」

「當然好啊！」

米那麼重，有人願意幫你扛回家，那是求之不得的事。

等到王永慶把米送到顧客的家裡之後，自然要把米倒入顧客的米缸中。這時，他就掏出一本小小的筆記簿，記下這戶人家的米缸容量。

然後他向顧客說：「下一次，您不用到我們店裡來買米了。」

顧客大吃一驚問：「爲什麼？」

「您家的米快吃完的時候，我會主動把您需要的米送到府上來。」

那時台灣的生活水準很低，不像現在的人講求飲食均衡，所以，家家戶戶米的消耗量蠻大的。一戶十口的人家，每個月大約需要二十公斤米，五口人家則爲十公斤。王永慶就按照這個比例訂定標準。舉例來說，假設一戶十口的人家一次向他叫二十公斤米，大約過了一個月後，他就再與這戶人家連絡，經確

❷王永慶於一九八二年三月二十四日，對台塑公司營業主管人員的談話。

認之後再敲定送米的數量與時間。

這麼一來，這家顧客不但可以確保無斷米之虞，他也可以確保顧客不會因爲斷了米而臨時轉向其他米店買米。

此外，他還會做些額外的服務。例如，送米到顧客家時，將米缸中的舊米淘出來，把米缸擦拭乾淨，再把新米放在下層，舊米放在上面。

米賣出之後，接著是收錢的問題。當時不像現在，一手送貨，一手收錢。什麼時間去收錢對顧客最方便呢？對於大多數薪水階級的人來說，當然是發薪日。所以，王永慶把全部顧客分門別類，用筆記簿一一記下他們的發薪日。等顧客領了薪水之後，他再去收款。

舉例來說，當時服務於鐵道部（即現今鐵路局）的顧客，每月二十一日領薪水，他就在當天晚上或隔天前去收款。因爲這些顧客住在宿舍，比鄰而居，所以收款既方便又順利，同時顧客對這種收款方式也很滿意。

開設碾米廠增加利潤

王永慶經營米店，在品質、服務、收款等貼心的做法大受顧客的歡迎。大家都說他賣的米品質良好，服務周到，信用第一。於是一傳十，十傳百，生意愈做愈好。剛開業時，一包十二斗的米一天都賣不掉；一、二年之後，一天可以賣出十幾包米。營業額成長了十幾倍，盛況不止於此，以後還陸續增加。

當時有一句台灣俗語：「糶米賣布，賺錢有數」，意思是說，米與布的營業金額都很大，必須把利潤盡量壓低，才有競爭力。而當時的米一斗十二台斤，售價五角一分，本錢五角；換言之，賣一斗米只能賺到一分錢，利潤只有百分之二。因爲利潤微薄，錢難賺，王永慶就必須格外地勤奮與努力，以爭取客源。

有一天深夜兩點多鐘，外面下著大雨，嘉義火車站對面的一家客棧（當時叫做販仔間）的廚師來敲王永慶米店的門，說是半夜有旅客來住店，等著吃飯，要他立刻送一斗米過去。

賣一斗米才賺一分錢，又是深夜兩點多鐘熟睡的時候，何況外面還下著大雨，要是一般人，不是假裝沒聽見，就是把那位敲門的廚師趕走。但是王永慶一聽到有人敲門叫米之後，立刻從床上爬了起來。

那個時候還沒有雨衣，頭上戴頂斗笠，身上披個粗麻米袋，半夜裡送趟米回來，全身都濕透了。王永慶趕緊又去洗了一次澡，以免感冒。他躺在床上久久不能成眠，內心想著：「這樣辛苦地送一斗米，才賺一分錢，實在划不來，的確有改善的必要。」❸

米店開張滿一年之後，王永慶已經累積相當多的固定客戶。於是，他就買了一些碾米的設備，由米店擴大爲碾米廠，除了賺取賣米的微薄利潤之外，另外增加碾米的收入。

由於業務擴大，他雇用許多工人來搬運米糧。這些工人都是北港附近沿海漁村的人，生活非常困苦，根本吃不到米飯，只能以番薯籤（銼成細條的番薯）充飢。

王永慶回憶當時的情形：「我以前以爲家鄉是最窮苦的，看到了漁村村民的生活之後，才知道窮苦是多麼普遍。」❹

那時，在王永慶米店隔壁約五十公尺左右也有一家碾米廠，是由一位名叫福島正夫的日本人所經營，規模比王永慶大三倍。當時在日本政府的殖民政策之下，日本人和台灣人經營米店有懸殊的差別待遇，福島正夫有很多條件（包括規模、資金與擁有許多日本人固定顧客等）都比王永慶優厚。雖然日本人的條件比王永慶好，但是他並不服輸，下定決心要贏過福島正夫。

既然規模、資金以及固定顧客等條件比別人差的情況下，要如何勝過對手呢？只有在其他方面下苦心。

福島正夫的碾米廠每天做到下午六點就停工休息了，而王永慶的碾米廠做到十點半。他每天比日本人多做四個半小時。這是設法從增加工時來取勝。

碾米廠內米糠粉屑到處飛揚，一天工作下來全身灰頭土臉，每天一定都要洗頭洗澡。當時在福島正夫與王永慶隔壁，有一家日本人開設的澡堂，洗一次澡要三分錢。福島正夫每天花三分錢洗熱水澡，王永慶則省下三分錢，用屋外水龍頭洗冷水澡，即使寒冷的冬天也不例外。王永慶認爲，每天省下三分錢，就相當於多賣出了三斗米，這筆錢花不得。

❸王永慶於一九八三年十月二十六日，在美國賓州費城華頓學院的演講。

❹王永慶於一九七二年十一月一日，在明志工專對該校學生的演講。

被迫關廠

到了一九四一年，王永慶二十五歲時，台灣稻穀因爲缺乏肥料而收成大減；同時因爲戰爭（即二次世界大戰）的關係，導致物資極端匱乏，日本政府對台灣開始實施米糧配給制度。

當時，每戶人家都發一本「配給簿」，上面記載配給的人口數，並依日本人或台灣人分別在配給簿的封面上蓋一個「日」字與「台」字，以示區別。

米糧配給，顧名思義，就是每一戶人家依其人口數，每一口配給一定數量的米糧，但是日本人和台灣人之間待遇不同，假設台灣人每一口配給的米糧是一的話，日本人則是一點四，比台灣人多四成。

當時鄉下的種田人家，隨時都會有警察到家搜查，看看有沒有私藏配給之外的米糧。如果被查出有超過配額的私藏米糧，警察當場就會把男主人揍一頓，有時候連女主人也一起打。在如此嚴厲周密的管制下，每一農戶在耕作收成之後，無不規規矩矩地將收到的米糧全數交給指定的碾米廠。

換言之，每一種田戶必須把當季的收成全部報繳之後，再依全家人口數領取配給米糧。甚至連所養的豬隻也必須報繳。

實施米糧配給制度之後，米糧的供應採取「共精共販」的方式；也就是說，把稻穀集中在一兩家碾米廠碾米。嘉義地區原有十二家規模不一的碾米廠，在這種新制度之下，僅留下兩家，其餘一律關門，大家再按過去營業額比率（用各自的繳稅金額與用電量爲基數去估算）分配銷售。

在嘉義的十二家碾米廠之中，王永慶排名第三，福島正夫排名第四。[5]王永慶碾米廠的規模只有福島的三分之一，然而營業額卻超過福島。老實說，在日本政府統治把持之下，王永慶要做到這樣的成績，必須比福島多下好幾倍的功夫。

王永慶說：「貧寒的家庭，以及在惡劣條件下的創業經驗，使我年輕時就深刻體會到，**先天環境的好壞不足喜也不足憂，成功的關鍵完全在於一己的努力**。這個信念在以後漫長的歲月中，深深影響並支配我的處事態度。」[6]

[5] 王永慶於一九七〇年十月十二日，在明志工專中區校友會中的談話。
[6] 王永慶於一九八三年十月二十六日，在美國賓州費城華頓學院的演講。

日本政府實施「共精共販」，王永慶的碾米廠被迫關門。

王永慶的米店與碾米廠雖然關門了，但他十年辛苦經營的結果，已經有一些積蓄。所以，在碾米廠關門的次年，也就是他二十六歲時，花了七千多元，在家鄉附近的龜山廣興，買了二十一甲半的山林地。

七千多元，若以當時的幣值，可以在台北市買下相當大的一片土地，王永慶爲什麼要花那麼多錢買下山林地呢？因爲當時物資缺乏，米糧是配給的，他打算買下來種番薯。

這片山林地土質很肥沃，第一次種的番薯又肥又大；第二次種，番薯變小了；第三次再種，不但變得更小，而且又被蟲蛀，根本不能吃。從這件事，他學習到土地施肥的重要。

王永慶說：「耕作的土壤必須施肥，才能維持生產力；人體需要有適當的營養，才能維持健康；同樣的道理，社會人群也需要施予教化，培植精神力量，才能不斷發展、進步。」❼

除了在龜山廣興買下二十一甲半的山林地之外，他也在雲林大埤買下十二甲的土地。於是經過十一年的奮鬥之後，王永慶從一無所有的貧寒子弟躍升爲小地主了。

經營磚廠困難重重

由於碾米廠結束營業，王永慶暫時離開米業，跑到嘉義民雄開設磚廠。

當時各項建築材料，包括：木材、鋼筋、水泥、玻璃等均控制在日本人的手中，當然紅磚也不例外。

爲了紅磚，日本人成立了台灣煉瓦株式會社，在全台灣各地設置生產工廠，並就地取用泥土原料製造紅磚，有效控制絕大部分的市場，僅僅各家庭需要的少數用量，才向小型的磚廠洽購。

王永慶所開設的就是這種小型磚廠。磚廠需要煤炭來燒窯，當時由於勞力不足，煤炭產量很少，王永慶特地到台北，四處拜託才買到一百多噸的煤炭。他必須設法把這一百多噸的煤炭，從台北運回民雄的磚廠；可是因處在戰爭時期，火車車廂不夠，運輸相當困難，一時之間排不出空間運煤炭。

❼王永慶於一九八二年十二月十二日，在明志工專中區校友會中的談話。

最後，好不容易設法把一百多噸煤炭運回磚廠，磚廠卻須停工。因爲磚廠用煤炭燒窯的時候，會冒出濃煙；據說濃煙會妨礙稻穀的生長，所以當稻子開花的時候，日本警察就會強迫磚廠停工。雖然王永慶再三交涉，還是沒有結果。

磚廠的員工都是海口漁村的人，一旦工廠停工，便會影響到他們的收入。而當時的米都是配給的，因此他們主動自願將配給米交給警察機關，請警察機關停配他們應得的米糧，以賠償稻穀因濃煙所造成的損失，讓磚廠得以開工。

王永慶在民雄的磚廠，就在這種艱難的情況下慘澹經營。後來，因爲不易取得燒窯用的煤炭，他把磚廠搬到板橋。板橋的磚廠經營一段時間後也因故關門了。

經營木材業轉虧爲盈

嘉義，除了是稻米的集散地之外，也是木材的集散地。在一九四三年，也就是王永慶二十七歲那一年，他從經營米店、碾米廠、磚廠轉向木材業發展。

當時日本政府爲了砍伐極爲珍貴稀少的台灣檜木（樹齡達數百年，甚至數千年），運往日本使用，所以在檜木產地分別設立林場，計有宜蘭的羅東太平山林場、豐原的八仙山林場、嘉義的阿里山林場以及花蓮的太魯閣林場。

在建南汽車貨運的林老先生資助之下，王永慶開始了木材生意，足跡踏遍上述四個林場。可是不久之後，由於經驗不足，導致血本無歸。這一時期恐怕是他前半生最黯淡的時期了，所幸林老先生再度幫助他，才得站穩腳步。❽

這時，戰爭進入了第六年，台灣到處發生饑荒，北台灣的饑荒情形特別嚴重。除了務農的家庭之外，一般人都只能依靠少量的食物配給艱困度日。在無法溫飽的情況下，有些人家被迫把原本買來做雞鴨飼料的米糠當成食物，勉強充飢。

在飢寒交迫的情況下，一般人都營養不良，導致疾病隨之而來，各地陸續發生瘧疾（俗稱寒熱症），死亡率節節上升，到了一九四五年達到高峰。那年正月，與王永慶一起經營米店生意的大弟王永成，因肺病病逝於嘉義，享年僅二十六歲，此時距離台灣光復僅九個月而已。

❽劉朗，〈塑膠大王王永慶的頭痛時間〉，一九八二年四月十七日《經濟日報》第十一版。

一九四五年八月十五日，日本天皇宣布無條件向盟軍投降，八年的恐怖戰爭終於結束。當年十月，台灣脫離日本的統治，重回祖國懷抱。二次大戰時飽受美機轟炸之下的台灣，處處斷垣殘壁，一切建設方興未艾；再加上一九五〇年韓戰爆發，恢復美援，軍方成立軍事工程委員會，開始大興土木蓋營房，因此，建築業呈現蓬勃的景象。王永慶所經營的木材業，自然也跟著水漲船高。

台灣的木材可分爲針葉樹與闊葉樹（俗稱雜木）；而針葉樹又可區分爲一級木與二級木。一級木有紅檜木、檜木、梢楠木等，這種木材不易腐爛，適合當建築材料與製作家具；二級木有松木、梅木等，這種木材容易腐爛，不適合當建築材料，只能拿來當纖維與紙漿。二級木的價錢比較便宜，大約只有一級木的半價。

按理說，建築軍營房屋理應使用不易腐爛的一級木，可是當時大家沒有品質的概念，認爲只要便宜就好，於是競相採用二級木。由於大家一窩蜂採用二級木，用量一多，二級木的價格逐漸被抬高，和一級木相當接近，相差不到二成。這種畸形現象持續了數年。

王永慶感嘆說：「數年間使用二級木建築房屋的數量不少，這些營房很快被白蟻蛀蝕腐爛，可見做事品質不好，損失多麼大！」[9]

在從事木材生意時，王永慶對客戶的收帳條件放得很寬，而且從沒要求客戶擔保，可是也從沒有因此被倒帳，也沒和客戶發生爭執。原因在於他不但充分了解客戶，也和客戶建立良好的交情。當時有超過半數的營造廠都是他的客戶，業務因此蒸蒸日上。

前華夏海灣塑膠公司董事長趙廷箴，當時從事營造生意，需要大量的木材，由於對王永慶提供的服務與協助感到滿意，所以成爲王永慶的大客戶。

當年趙廷箴要成立營造廠時，必須繳一筆保證金；他有困難，便找王永慶幫忙，王永慶借給他十幾條金子[10]。等到趙廷箴的豐樂營造廠成立之後，工程上所需要的木材就向王永慶購買了。

王永慶說：「人與人之間總是會互相回報的，所以趙廷箴先生後來向我買木材。」[11]

---

[9] 王永慶於一九七一年十月六日，對明志工專僑生的講詞。

[10] 王永慶於一九八一年十二月十四日，在台塑第一期營業人員訓練班開訓的訓勉詞。

[11] 同[10]。

有五千萬元了。

到了一九四六年，王永慶三十歲之時，因經營木材生意賺錢，他的積蓄已

無妄之災

台灣光復後，除了木材生意之外，王永慶決定恢復被迫關閉五年的碾米廠業務。他在嘉義車站附近蓋了一家當時規模最大的碾米廠，從一九四六年三月開始籌設，因為經驗豐富，所以在短短十個月內竣工，於一九四七年一月正式對外營業。由於他有十年的經驗，產銷都非常得心應手，因此碾米廠剛開工，一切順利，生意興隆。

不料開工三個月之後，突然飛來橫禍。

一九四七年三月十一日（二二八事件發生後十一天），王永慶請人從嘉義中埔鄉運來一卡車的稻穀，車剛抵碾米廠，立刻出現兩名警察，要求王永慶到警局接受偵訊。到警局之後，不容答辯，立刻以越區運糧違反糧食管理條例的罪名，拘禁他二十九天。

後來經過檢察官的偵訊，證明王永慶所買的稻穀是從同一糧區運來，總算

無罪開釋。不過，他卻無緣無故被關了二十九天。

王永慶沉痛地回憶說：「在二二八事件後不久，我遭到藉詞越區運糧而強制拘禁二十九天，顯然是居心不良者利用混亂失序的情勢，濫用權勢加害無辜。」⑫

遭到無妄的牢獄之災，王永慶內心憤憤不平，回家後立刻查閱糧食管理條例，發現其處罰極爲嚴酷，有關死刑與無期徒刑者比比皆是。他再三思量，處在當時敏感的政治氣候下，動輒得咎，難保以後不會再發生類似的事件，於是壯士斷腕，毅然決然放棄此一深具濃厚感情的米糧生意。

⑫王永慶，《生根．深耕》，一九九三年八月三十日出版，頁一四三與一四四。

◀ 與王永慶一起創設台塑的趙廷箴
（大人物雜誌 張義宮攝）

▼ 王永慶的参謀長楊兆麟
（大人物雜誌 鄭耀基攝）

▼ 對王永慶有知遇之恩的尹仲容
（大人物雜誌 鄭耀基攝）

第二篇 因緣際會打造塑膠王國

3 創立台塑與南亞
4 興建六輕
5 赴美設廠與買廠
6 布局大陸的石化專區

3 創立台塑與南亞

王永慶因塑膠而發跡，妙的是，這位塑膠大王在從事塑膠工業之初，竟然連「塑膠」這兩個字都不認識。

這裡所指的不認識，並非指不認識「塑膠」字面的意義，而是指深入的意義。在一九五一年初，「塑膠」兩個字算是新名詞，它是用什麼原料所造成？它的化學成分是什麼？它的用途又是什麼？恐怕大多數人都不知道。就連王永慶本人也承認，當時實在對塑膠一無所知。

根據當年服務於工業會的衛道回憶，王永慶與當年塑膠創業夥伴趙廷箴一起到工業會，拜會化工組嚴演存主任，要求投資塑膠工業時，由於兩人都不懂塑膠，結果，遭嚴演存冷眼以待，兩人急忙靦腆離去。但一年之後，王永慶會見衛道時，他對塑膠的性質、製程、生產、加工、用途等都瞭若指掌，使衛道嘆服不已。❶

塑膠種類繁多，但主要以PVC（聚氯乙烯）、PE（聚乙烯）、PP（聚丙烯）、PS（聚苯乙烯）為主，占全部塑膠類百分之九十以上。

塑膠的用途非常廣泛，可代替鋼鐵、鋁製品、紙製品、皮革、橡膠、木材等，簡略說明如下：

一、代替鋼鐵與其他金屬用品，可用於各種管類與建築材料。經過加強的塑膠也可用來製造機械的主要零件。

二、代替鋁製品，製成門窗框、浪板等建築材料。

三、代替紙製品，製成日常用與工業用的包裝材料、壁紙、人造紙、香菸包裝材料等。

四、代替天然皮革，可用來製造各種皮包與皮衣。

五、代替橡膠，製成雨衣、雨帆等。

六、代替木材，製成地板、地磚與各種隔間材料。

❶劉朗，〈塑膠大王王永慶的頭痛時間〉，一九八三年四月十七日《經濟日報》第十一版。

誤打誤撞創大業

四○年代的台灣，由於受戰爭的破壞，百廢待舉。在美國的經濟援助之下，國民政府展開第一期四年經濟建設計畫。

一九五三年，行政院設立「經濟安全委員會」，並推舉尹仲容為召集人，擬定玻璃、紡織、人纖、塑膠原料、水泥等建設計畫，並統籌運用工業美援的資金。

其中的塑膠原料工業，當局原屬意有化工經驗的永豐工業老闆何義來負責。何義原來答應投資設廠，但是，設廠計畫拖了將近兩年沒有著落。其間何義曾往日本、美國、歐洲等地考察，發現塑膠原料廠的規模日產都在五十噸以上，而計畫中的台灣廠日產僅僅五噸，距離經濟規模太遠了。何義最後認為，自行車與機車工業遠較塑膠原料有前途，所以，返國後宣布放棄。

當時政府認為，好不容易才爭取到的美援，如果放棄不做實在太可惜。於是，找到原來想申請做輪胎❷的王永慶。當時的王永慶對塑膠完全外行，手頭只有一點資料，那就是根據日本當時月產三千噸，而當時台灣人口大約是日本的十分之一；三千噸的十分之一是三百噸，所以，認為月產一百噸應該很保險。

王永慶回憶說：「我胡裡胡塗不加思索就答應了。」❸

王永慶接手塑膠工業還有一段小插曲。何義放棄之後，有許多人主張公營，但是，在尹仲容力排眾議堅持民營之下，王永慶才得以順利接手。當時，若非尹仲容的堅持，變成公營的話，往後台灣的塑膠工業不知要落後多少年。

一九五四年三月，王永慶登記設立「台灣塑膠工業股份有限公司」，自有資金約五十萬美元，美援有六十七萬美元。

由於使用美援採購機器，並向國外引進技術，按規定，開支均須經美援機構——懷德公司審查。一九五五年三月，經由中信局國際標，懷德公司在審查過程中，突然遭到美國國會某議員的反對。理由是，援助六十七萬巨額美元，

❷王永慶原先向政府申請要做輪胎，因為毫無經驗，遭到政府拒絕。

❸王永慶於一九七一年十月三十日，在台塑第六期新進幹部職前訓練結訓的訓勉詞。

每月僅計畫生產一百噸，實在不符經濟效益。因此，美援遭到擱置。後來，經政府苦心爭取，到同年十二月才獲美方同意。

十個月賣不出一噸PVC粉

王永慶回憶說：「那個時候，國內的經濟發展環境恰似一片荒蕪的廢耕地。我們所面對的是，資金缺乏、技術落後、原料取得困難、市場極其狹窄且封閉的情景，經營事業的客觀條件樣樣都很困難。在這種艱苦的處境當中，從事PVC塑膠粉的生產，就好像是一個手中缺乏工具的人，開始在極爲貧瘠的土地上耕耘。」❹

一九五七年三月，台塑建廠完成，正式開工生產，每月的產量只有一百噸，是全世界規模最小的。即使產量那麼少，可是當時台灣市場每月的需要量只有十五噸，很明顯的供過於求。而且當時PVC所製成的產品只有膠膜，一般稱之爲化學玻璃布，品質很差，做成雨衣一穿即破，以至於一般用戶都說化學品都是騙人貨；其餘的用途有軟質PVC，將它壓製成細條狀，用於編製小袋子，消耗數量也很有限。

當時還有一個極爲糟糕的情況。台塑開工後，因爲是台灣首次自行生產PVC塑膠粉，加工業者對品質毫無信心，當他們風聞政府要保護台塑管制塑膠進口後，立即一口氣把七個月所需數十噸的量從國外買足。所以，從一九五七年三月到十二月止，台塑所生產的PVC塑膠粉一噸也賣不出去，庫存堆積如山。❺

台塑當時的處境，騎虎難下，進退兩難，幾乎已經到了山窮水盡、奄奄一息的地步。

產品嚴重滯銷，王永慶百思無良策，趕緊去請教當時的經濟部長尹仲容。詳談之後，尹仲容指點他一條明路——外銷；台灣市場狹小，除非開拓外銷市場，否則死路一條。

❹王永慶於一九八二年十月二十六日，在美國賓州費城華頓學院的演講。
王永慶於一九八四年二月四日，在台大醫學院紐約區校友會所辦學術演講會上的演講。
❺王永慶於一九七一年十月三十日，在台塑第六期新進幹部職前訓練結訓的訓勉詞。

兩次擴充增產

要拓展外銷市場，以當時每月一百噸產量的規模，根本毫無競爭力。所以，王永慶決定一方面擴廠，希望藉著大量生產來降低成本；一方面籌組二次加工廠，爲台塑的PVC粉謀求出路。

於是，在一九五八年，月產由一百噸增加至二百一十噸。產量增加，成本雖然稍降，但那時日本產量已增至五、六千噸，成本自然更爲降低。台塑公司的產量雖然提高，相較之下成本還是偏高，仍然無法拓展外銷，所以，決定第二次擴充增產。

對於第二次擴充增產，大多數人都認爲增至六百噸比較保險，就連外國的顧問也持這種看法。王永慶獨排眾議，主張增至一千二百噸。

結果，在當時工業會第一處處長沈覲泰的支持之下，一九六〇年順利完成一千二百噸的擴建計畫。

王永慶滿懷感激地說：「回想當年，外匯管制甚嚴，要不是沈覲泰先生的支持，贊成一千二百噸的擴建計畫，今天PVC工業的發展不知要落後幾年。

因此，深深感到工業的發展、計畫和政策是多麼的重要。」❻

第二次擴建計畫完成後，產量激增，成本大減。

除了進行一千二百噸的擴建計畫之外，**王永慶於一九五八年成立南亞塑膠公司，進行二次加工，生產膠布與膠皮，設法協助台塑銷售PVC粉。**

從事二次加工需要加工技術，PVC的加工比PE、PP等其他塑膠的加工都困難。王永慶曾經數次請求外國廠商協助，並表明願意支付相當的技術指導費，但仍沒有外商答應協助。

當初南亞建廠時，只有一部膠布機。開始的第一年，那一部膠布機的開機率不到一半；還有數部製管子的壓出機，技術拙劣，品質不穩定，虧損累累。

等到二次加工的品質比較穩定之後，立即設立卡林、新東等三次加工廠。

王永慶當時在香港遇到一位名叫卡林的美國人。卡林在日本神戶開了一家很小的吹氣玩具工廠，王永慶請他到台灣來設立三次加工廠。談妥的條件是：王永慶負責出錢，賺錢歸卡林。工廠設在新店，因爲是與卡林合作設立的，所

❻王永慶於一九七二年二月十一日，在企業經理協進會的演講。

以取名叫卡林塑膠公司，專門生產吹氣產品、雨衣、浴室簾布、尿褲等塑膠製品。❼

除了卡林塑膠，另外設立新東塑膠加工廠，所製造的產品與卡林大同小異，諸如：雨衣、尿布、塑膠皮包等等。

賺取工資差額

當時工資低廉，勞工又勤奮，形成外銷有利條件。以新東塑膠來說，工人每月薪資三、四百元，不但應徵者趨之若鶩，而且勤奮努力，認眞學習。只要經過短期的訓練，所製作出來的產品均能符合國際水準，滿足客戶的需求。

那時的直接工資，大約是產品的百分之六；換言之，假定售價是一百元，直接工資就是六元。而美國當時的工資大約是我們的十五倍：九十元，雖然台灣的工資便宜，但效率比較差，當時美國的生產效率大約是台灣的二至三倍。如果以二倍來算，那麼，我們的工資六元，他們的實質工資就是四十五元，兩者相差三十九元。我們的產品由台灣運到美國的海運加上關稅大約要十元。扣除十元後，實際相差二十九元。縱使美國買主再殺一點價，我們還是有利潤。

額。

不過，那個時候台灣外銷的塑膠製品全都是廉價品，所賺的就是工資的差

為了要讓塑膠三次加工廠繁衍下去，王永慶選擇在新東塑膠發展至相當規模，業務處於顛峰狀態時，斷然將它關閉。並鼓勵所有新東的同仁各自尋找夥伴創業。因此，在短期內如雨後春筍般，冒出了數十家塑膠加工廠。不久，進而擴充到數百家，形成台灣塑膠三次加工的堅強陣容。❽

王永慶經由擴廠大量生產降低成本，並成立二次及三次加工以拓展外銷的策略下，總算解開PVC塑膠粉滯銷的困境。以後逐漸發展的結果，不但打開了PVC塑膠粉的銷路，也促成了PVC塑膠加工業的蓬勃發展。

---

❼PVC區分為硬質與軟質兩種。硬質可製成管，用於水、電、通信配管設備，以及製造浪板等建築材料；軟質可製膠皮、膠布，用於沙發布、化學鞋、雨衣、浴用簾布、尿褲、各種皮包等。

❽王永慶，《王永慶談話集第四冊》，二〇〇一年一月十五日《台灣日報社》出版，頁一四。

4 興建六輕

六輕就是「第六輕油裂解廠」的簡稱，是石化工業的最上游。早在一九七三年，王永慶鑑於塑膠原料的供不應求，與石化工業對台灣經濟發展的重要，就向政府申請興建輕油裂解廠。

當時台灣只有中油的一輕❶，政府一則怕中油競爭不過台塑，二則是其他石化業者怕上游原料遭受台塑壟斷，三則當時的主政者蔣經國先生不願見到王永慶的經濟力量太大，於是駁回王永慶的申請。❷

一九八〇年代後期，台灣開始政治改革，解除戒嚴令，同時放寬經濟的管制，走向自由化。在這種環境之下，政府一方面降低石化原料的進口關稅，另一方面在一九八六年，正式核准台塑的六輕計畫。

王永慶首先選擇宜蘭利澤工業區二八〇公頃的土地建廠，但宜蘭縣政府以會造成環境污染爲理由而反對，被迫於一九八八年改到桃園觀音，又遭居民抗爭，一直到一九九一年才決定設在雲林麥寮。前前後後，光是尋找廠址又拖了五年。

六輕的興建得到政府許多的優惠，除了例行的租稅與融資的優惠之外，還協助取得麥寮土地，允許設置港口，並且給予水資源的補貼等等。

台塑選擇石化景氣很差的一九九四年動工興建六輕，歷時十年完成。

有記者問台塑集團副董事長王永在：「石化景氣那麼差，你那時投資六輕，不會擔心嗎？」

王永在答道：「景氣差，建廠才好啊，景氣好時建廠就辛苦囉！民國八十三年，國內外都沒什麼建廠工程。景氣差時一切都便宜，人工、外勞、資源都有。」❸

❶一輕即第一輕油裂解廠的簡稱，設在高雄煉油廠，中油於一九六八年完工啓用，已於一九九〇年關閉。另外中油的二輕也設在高雄煉油廠，一九七五年完工啓用，已於一九九四年關閉；中油的三輕設在高雄縣林園工業區，一九七六年完工啓用；中油的四輕則設在高雄縣林園工業區，一九八四年完工啓用；中油的五輕設在高雄煉油廠，一九九四年完工啓用，五輕是用來取代一輕與二輕。

❷王作榮，《壯志未酬》，一九九九年三月十日天下遠見出版公司出版，頁三九五。

麥寮工業區的宏大願景

台塑在麥寮的六輕工程，主要包括煉油廠、輕油裂解廠及其相關六十二座石化工廠、汽電共生廠、發電廠、機械廠、鍋爐廠、矽晶圓廠、彈性纖維廠、電漿顯示器廠、麥寮工業港等，簡單說明於下：

一、煉油廠：年煉原油二一〇〇萬公噸，每日煉油量四十五萬桶。

二、輕油裂解廠：共設兩座，合計乙烯年產量達一六〇萬公噸，超過中油的年產量一〇二萬公噸。

三、汽電共生廠：主要生產電力、蒸汽、工業用水、酸性軟水、超純水、氮氣、氧氣及壓縮空氣等，供六輕相關工廠使用。

四、發電廠：設置大型火力發電機組四部，每部機組容量六十萬瓩，所生產的電力達五百萬瓩❹，全部出售並與台電公司併入全台供電系統，有助於紓解台灣電力不足的問題。

五、機械廠：主要從事煉油與石化製程設備的設計、製造、安裝及建造。

六、鍋爐廠：主要從事汽電共生廠及發電廠設備的規劃、設計、製造、安裝及建造。

七、矽晶圓廠：由台塑、亞太投資、日本小松電子合資新台幣八十五億元興建，生產八吋矽晶圓，年產量二四〇萬片。

八、彈性纖維廠：由台塑與日本旭化成合資新台幣二十八億元興建，年產彈性纖維五千公噸。

九、電漿顯示器廠：由台塑與日本富士通投資興建，第一期投資額爲新台幣六十七億，年產電漿顯示器十二萬台。

十、麥寮工業港：港域面積四七六公頃，與台中港四八七公頃相當，大於基隆港的三八四公頃，航道於中潮位時水深達二十四公尺，可供二十六萬噸級的船舶進出，爲台灣最深的港口，年貨物吞吐量可達六千萬公噸。

❸朱紀中、郭奕伶、林孟儀、呂國禎，〈獨家探訪台塑二當家的經營哲學〉，二〇〇五年四月三日出版之九〇五期《商業周刊》，頁四三。

❹未來核四發電廠預計生產二七〇萬瓩電力，只有台塑麥寮發電廠的五成四。

填海造地，工程浩大

六輕麥寮工業區的面積達二六〇一公頃，是高雄林園石化工業區（面積三八八公頃）的六點七倍。最值得一提的是，上述二六〇一公頃中的二〇九六公頃（大約是八成），是台塑填海造地得來的。

原來六輕計畫開發的麥寮工業區，位於雲林縣最北端濁水溪出海口，南北長約八公里，東西沿著海岸線向外延伸四公里長的外海地帶。這個工業區絕大部分的土地都位在海平面下，漲潮時一片汪洋，退潮時才可以看到一部分浮出海面的砂地。

王永在回憶第一次去看六輕土地的情形說：「多美啊！那時候我一看，只看到一些沙洲，海浪一打來，漲潮就什麼都看不見了，只是一片海洋而已。」

❺ 因此，這一大片的沙洲地必須大規模進行抽砂填海的工程，經過改良地質鞏固地基後，才能蓋工廠。

六輕工程不但非常浩大，而且極為艱鉅，填海造地的第一步必須先用沉箱塊石在海中構築一道圍堤，把預定建廠的海面圍起來。

每一個沉箱塊石就像蓋好的七層公寓一樣，是整塊空心的混凝土，用船把它拖到定點扶正，再把混凝土的口掀開，灌進大量的沙石後沉入海底，旁邊再用大石嵌住。

填海造地的第二步是抽砂船抽取海砂，填入圍堤內，以創造出新生土地。結果，所填的海砂達一〇八八六萬立方米，這麼多的海砂可以在基隆到高雄的高速公路上，填築八個車道寬的路面達兩層半樓高；而所造出的土地面積有二〇九六公頃，大約是台北市面積（二七三〇〇公頃）的百分之八。

填海造地的第三步是改善土質，以防止地震帶來的傷害。台塑為了讓六輕的工程人員體會地震的厲害，特地派了五十人到日本，弄清楚阪神地震之後，日本人怎麼防止土壤液化。

王永在說：「我們決定多花六十億元改善六輕的土質，所以九二一地震，

❺朱紀中、郭奕伶、林孟儀、呂國禎，〈獨家探訪台塑二當家的經營哲學〉，二〇〇五年四月三日出版之九〇五期《商業周刊》，頁四二至四三。

六輕才沒事，都順利開工。」❻

爲了證明六輕的品質，王永在特別指出，六輕有兩根煙囪，本身就有兩百五十米高，十幾米寬，是用一百六十支長六十五公尺、寬八吋的鐵管做基樁，再包覆一、二米高的混凝土，這樣煙囪才立得起來。❼

對台灣經濟的貢獻

目前台塑的六輕工程一、二期投資金額約新台幣四六二八億元，已於二〇〇一年中陸續完工生產，每年所增加的產值達新台幣四八〇〇億元。接著，二〇〇二年再規劃第三期擴建計畫，投資新台幣四四八億元；另外，二〇〇四年再規劃第四期擴建計畫，投資新台幣一四五二億元。

合計六輕工程一至四期總投資金額高達新台幣六五二八億元，二〇〇四年六輕總產量直達八〇九四億元，創造五九二八億元營收，占台塑集團台灣全年營收七八一四億元的七五．八％。

六輕對台灣的經濟有下列八大貢獻：

一、從一九九四年六輕動工起算，平均每年投資金額約八百億元，可使民間投資成長率提高約九個百分點，每年經濟成長率增加約一個百分點。

二、六輕建廠完成後，可穩定石化工業發展，促進石化工業升級，並增強民間投資信心。

三、年產值可增加八千多億元，使台灣每年生產毛額增加百分之七點五。

四、每年替代進口值約六四〇億元，並帶動中下游相關工業發展，增加兩兆元產值。

五、使台灣的乙烯自給率，從原來的百分之三十八提高至百分之九十一點七。

六、每年增加政府稅收達二五〇億元以上。

七、增加台灣土地面積二六〇一公頃。

八、發電廠所供應的電力，可以紓解台灣電力供應不足的問題。

❻朱紀中、郭奕伶、林孟儀、呂國禎，〈獨家探訪台塑二當家的經營哲學〉，二〇〇五年四月三日出版之九〇五期《商業周刊》，頁四二至四三。

❼同❻。

總之，六輕不但已是台塑集團的重心，而且也是維持台灣經濟成長的重要動力之一。

5 赴美設廠與購廠

台灣早在一九七三年發生第一次石油危機時，就暴露出塑膠原料缺乏的嚴重問題。王永慶當時就看準美國塑膠原料充足，價格又比台灣便宜，非常適合設廠。

一九八〇年，王永慶正式進軍美國。當年五月，台塑與美國路易斯安那化學公司，共同投資四千萬美金，在美國德州休士頓西南方一百二十哩的康福市，興建年產二十萬公噸EDC（二氯乙烷）、二十四萬公噸VCM（氯乙烯），以及二十四萬公噸PVC（聚氯乙烯）的大型化工廠。

台塑美國德州廠從策劃、設計、安裝、施工、試車完全由台塑一手包辦，因此大大地降低了建廠成本。經過兩年多的努力，該廠已於一九八二年十一月正式生產。到了一九八八年，不但被德州環保局評定爲模範工廠，而且經過擴建，產能大增，已達年產EDC四十萬公噸、VCM三十六萬公噸、PVC四十萬公噸。❶該廠所生產的塑膠原料，除了供應台塑美國各廠所需之外，每年大約有四、五十萬公噸的EDC要運回台灣，以解決台灣多年來塑膠原料缺乏的嚴重問題。

美國首屈一指的道氏化學（Dow Chemical）總裁曾參觀台塑美國德州廠，之後寫了一封信給王永慶，表達對台塑高效率的敬佩。

針對此事，台塑總經理李志村說：「我們從事石化一生，這是很大的鼓勵。」❷

裁員，產量卻反而增加

一九八一年，王永慶在美國路易斯安那州向英國卜內門公司（ICI）買下一家VCM廠。

這家工廠是美國聯合化學（Allied Chemical）於一九五〇年代創建的，經營一段期間後於一九七六年轉售給卜內門。卜內門接手後，把原來七百多名員工裁減至五百多人，美國台塑（PPC USA）接手後，再從五百多人裁減至二七六人。

由於裁減人數相當高，一度引起工會不滿，揚言要罷工，後來經過台塑提出公司組織機能與種種合理化的措施，說服了工會。當台塑把員工人數減爲二七六人的初期，仍維持原有的產量，等員工情緒逐漸穩定之後，即進行改善製程，結果產量提高了四成。這時，員工人數非但沒增加，反而從二七六人減少至二五〇人。❸

後來，台塑又陸續擴廠，不但增加VCM的產量，而且新設PVC生產線，產量也達年四十萬公噸。經過擴廠與增設PVC生產線，全廠總人數僅三五〇人。歷經十五年的整頓，這個廠終於轉虧爲盈。

一九八二年，王永慶又在美國德拉瓦州，向史托福石化公司（Stauffer Chemical）買下一個乳化式PVC粉工廠。

由於該廠所生產的產品市場需求較小，十幾年來台塑仍將該廠維持原有的

---

❶王鉦，《追根究底》，一九九五年十月耶魯國際文化公司出版，頁一〇五。

❷楊艾俐，〈王永慶再戰王永慶〉，一九九八年六月一日出版之《天下雜誌》，頁一二九。

❸王永慶，《王永慶談話集第二冊》，二〇〇一年一月十五日《台灣日報社》出版，頁二五一至二五二。

生產規模，但人員已精簡至原有的百分之五十五，而且在慘澹經營下每年可以獲利三百多萬美金。

有鑑於每年三百多萬美金的獲利太少，王永慶於是在一九九四年，將該廠以責任承包的方式，交給一位熟悉該廠營運的幹部承攬經營，承攬者負責盈虧及全部的生產與營業費用，美國台塑總部協助採購、財務，並協助審查生產日報、生產異常情態單、生產異常報告單，總部只要發現有問題，立即通知廠方改善。廠方基於責任承包制之下凡事切身，對總部的指正與質疑，都滿懷感激地虛心接受，並且迅速改進。❹

短短兩年後，責任承包制發揮了效果，不但經營績效有明顯改善，獲利也增加了一倍。❺

精簡組織以應付激烈競爭

一九八三年，王永慶又以一千九百五十萬美元買下美國Johns Manville散布在各州的八個塑膠管工廠，並改名爲JM公司。

美國台塑接管JM之初，營業部門除了總部之外分別設立了中區、西區、東區及南區等四個服務處，並另設四區營業所，單單銷售人員就有一二〇人。台塑接管之後，逐一裁撤，到了一九九六年，撤銷四個服務處與四區營業所，僅留下二十四名營管與客服中心人員，一名運輸洽辦人員，以及二十四名採佣金制的推銷人員，合計四十九人。❻

換句話說，接管前後比較，銷售部門的人員從原來的一二〇人減少為四十九人；而在一九八三年度，每月平均營業交運量為一九二五七仟磅，到一九九六年每月平均營業交運量達八三八四九仟磅，是接管前的四點三五倍。如果依照同一銷售量的用人數推算，接管以後的用人數還不到接管前的百分之九。❼

王永慶說：「在組織極為精簡的態勢下營運，才能勉強立足於競爭非常激

❹王永慶，《王永慶談話集第二冊》，二〇〇一年一月十五日《台灣日報社》出版，頁二五三至二五四。
❺同❹，頁二五九。
❻王永慶，《王永慶談話集第二冊》，二〇〇一年一月十五日《台灣日報社》出版，頁二五九至二六〇。
❼同❻，頁二六〇。

烈的美國市場，求得生存。」[8]

台塑美國購併JM之前，它是一家每年虧損一千五百萬美元的公司，王永慶接手後，第一年就賺三千八百萬美元，第二年賺一千三百萬美元。[9]

一九八八年十月三十一日，王永慶與當時美國德州州長克萊蒙斯（Bill Clements）共同宣布，台塑決定投資十三億兩千三百萬美元，在台塑美國德州廠的旁邊，興建一座輕油裂解工廠。該計畫包括年產VCM（氯乙烯）六十八萬公噸的烯烴廠、年產六十七萬公噸的燒鹼工廠、年產EDC（二氯乙烷）六十萬公噸的石化廠、年產HPPE（高密度聚乙烯）二十四萬公噸的石化廠、年產PP（聚丙烯）十五萬公噸的石化廠、年產LLPE（線狀低密度聚乙烯）二十萬公噸的石化廠、氣電共生的發電廠等七座工廠。

該計畫已於一九九一年完工，不但在建廠期間提供了三、四千個工作機會，而且在開工後，每年爲德州增加十八億美金的生產毛額，並提供一千七百個永久性的就業機會。[10]

爲了感謝這項有史以來石化工業最大金額與規模的投資案，德州州政府除了宣布十月三十一日爲「台塑日」之外，並於一九九五年宣布德州卡爾漢

（Calhoun）及華特頓（Wharton）兩郡定五月十九日爲「王永慶日」（Y. C. Wang Day）。

二〇〇四年五月二十三日，台塑公司總經理李志村宣布，台塑美國決定四合一上市（包括台塑美國、台塑美洲、南亞美國、南亞美洲等四家公司）。總部設在新澤西，工廠分布在德州、路易斯安那州、德拉瓦州等地。這將是海峽兩岸排名第一的美國上市公司，總資產達五十八億美元，二〇〇四年的營業額達五十五億四千萬美元（約合新台幣一千七百三十億元）。由於尚未有台灣企業眞正到美國掛牌，因此爲一項重大指標，意義非凡。

---

❽王永慶，《王永慶談話集第二冊》，二〇〇一年一月十五日《台灣日報社》出版，頁二六〇。

❾呂國禎，〈王永慶打造兩岸第一大美國上市公司〉，二〇〇五年六月六日出版之九一五期《商業周刊》，頁四六。

❿王鉦，《追根究底》，一九九五年十月耶魯國際文化公司出版，頁一一三。

6 布局大陸的石化專區

王永慶今（二〇〇五）年一月滿八十八歲，他說：「年紀這麼大了，還要這樣拖老命地工作，實在是因爲希望能看到台塑企業走出一個更大的格局。」

他口中的大格局，指的是完成台灣、美國、大陸鐵三角的台塑石化王國。目前台灣的六輕已完成一、二、三期工程，正在進行第四期擴建計畫；台塑美國廠的工程已經大致就緒，規模與台灣的台塑相當，目前王永慶念茲在茲的是大陸的設廠與布局。

關於大陸的石化布局，王永慶原本策劃把台灣石化業上、中、下游全部集中在廈門的海滄，成立一個石化專區，並計畫每年煉油一千四百萬公噸，首期裂解產能九十萬公噸，三次加工產品全部外銷。這就是喧騰一時的海滄計畫，後來因爲李登輝的「戒急用忍」政策而胎死腹中。

從石化下游展開布局

王永慶爲了避免抵觸台灣政府「戒急用忍」的政策，近年來採取迂迴的策略，避開石化上游而從石化下游著手，陸續在大陸的廣東、福建、安徽、四川等地設廠生產PVC管、PVC門窗、PVC地磚、PVC紙張等石化下游產品；其中包括南亞塑膠工業（廣州）公司、南亞塑膠建材（廣州）公司、華亞（廈門）塑膠公司、華亞（廈門）管件公司，華亞（蕪湖）塑膠公司、華亞（東營）塑膠公司、南亞塑膠工業（南通）公司、南亞塑膠建材（南通）公司、中國南通華豐公司、南通華富塑膠公司、南英塑膠工業（南通）公司、南亞塑膠工業（重慶）公司等十二座工廠。

近年來，有鑑於陳水扁政府開放小三通與兩岸春節包機直航，兩岸政策從「戒急用忍」轉向「積極開放，有效管理」，王永慶已經在中國第一大原油進出口的寧波北崙港，爭取到五個專用碼頭，並在寧波北崙石化區建廠，其中台塑的ABS廠已經完工，其他廠正積極在興建之中，這項舉動使得王永慶的石化業能在中國立足。

就在寧波北崙石化區的對面，面積達三千公頃的梅山島（與雲林的麥寮面積相當），是王永慶希望在大陸設立輕油裂解廠的理想地點。他希望在這裡所生產的石化原料能供應包括南亞在內的下游廠商的需求。

如果台灣政府通過王永慶在大陸設立輕油裂解廠的話，王永慶有可能投資五十億美元（約一千五百億台幣），把整個梅山島開發成一個石化專區，以爭取大陸每年進口塑膠原料PVC一三〇萬公噸、PP（聚丙烯）一四〇萬公噸、HDPE（高密度聚乙烯）九十六萬公噸、LDPE（低密度聚乙烯）與LLDPE（線型低密度聚乙烯）共一七〇萬公噸等的龐大商機。

屆時，以台灣、美國、大陸三個地區所形成的鐵三角，彼此互通聲息，相互支援，一個跨國性的台塑石化王國將出現在國際舞台上。

◀王永慶毅力驚人，每天持之以恆的晨跑，從不間斷。
（聯合知識庫提供）

第三篇

王永慶為什麼會成功？

7　成功的要素
8　性格特色
9　節儉樸實

7 成功的要素

先苦後甘

世界上每個人的聰明才智都相差無幾，可是，為何有人成功，有人失敗呢？王永慶認為，**關鍵就在於能不能吃苦；凡事都有前因後果，下苦功夫才會有好結果。**

時下的年輕人大都希望做有意義而又容易做的工作。其實，容易做的工作是不會有多大意義的。怕吃苦的人，到頭來不但一事無成，反而一生吃盡苦頭。

王永慶拿魚和花來闡釋先苦後甘的道理。

他指出，太太買回來的魚，先生有時候會嫌魚太腥了，或是嫌魚肉不夠鮮嫩；但是假如魚是你自己辛苦釣到的，不管是什麼魚，煮起來一定感覺非常好吃。

還有，講台上的一盆漂亮的花，大家看到這盆花的時候，內心多少會有感應，可是離開教室之後，很快就會忘記它；那是因爲我們和這盆花沒有關連，也不曾下過苦心。但是如果是種花的園丁，從種植花苗開始，要除草、施肥、調節土壤的水分，經過一番辛苦地栽培，花終於開了。園丁看到這盆盛開的花，內心的快慰絕對超過我們。

王永慶說：「**對事物的感覺，會有這樣大的差別，主要關鍵是對於這些事物，你有沒有下過一番功夫**。所以，人無論如何要先苦後甘，經過一番苦心的追求，才會眞正嘗到收穫的甘美滋味，這是一定的道理。」❶

目前台灣醫科學生要唸七年，第七年要到醫院當實習醫師。實習成績及格了，回到學校才能畢業。服過兵役，再到醫院當住院醫師，期間最少三至五年，才能晉升到主治醫師。這大概是台灣醫師晉升的情況。

大多數到長庚醫院（台塑關係企業）的醫科學生都認爲，在長庚實習太辛

---

❶王永慶於一九八二年十月三十日，在台塑第二期在職人員訓練班結訓之訓勉詞。

苦了，要求醫院放寬鬆些。

王永慶爲了實際了解這些實習醫師辛苦的情形，就詢問許多從美國回來、目前在長庚任職的醫師，請他們比較長庚與美國實習醫師的辛苦程度，他們異口同聲地回答：「在美國的醫院當實習醫師比在長庚醫院辛苦多了。」

王永慶有個好友黃教授，他在美國教了二十多年書，也當過副校長，他的三個子女全都在美國唸醫科。王永慶曾經聽黃教授談及他女兒當實習醫師的辛苦情形。

黃教授的女兒當實習醫師時，他太太打電話找女兒，說完電話後就傷心地哭了起來。在電話裡，女兒告訴她，打電話要在晚上十一點以後、早上五點以前才能找到她。因爲醫院雖然六點下班，但是她還要照顧病人，並整理許多資料，一直要忙到十一點才能回到宿舍。次日五點起床後，急著又要到醫院巡視病人，看看他們經過一夜病情有沒有什麼變化。聽到女兒每天這麼辛苦，做母親的不忍心，才會掉淚。

王永慶頗爲感慨地說：「在美國，醫科學生在醫院實習的時候，一個個都受到嚴格的訓練，所以醫師的水準都很整齊，今天美國的醫療水準成爲世界之

冠，主要原因就在此。我們醫療的發展基礎比別人差，如果又不能吃人家所吃的苦，前途就很難樂觀。」❷

對於時下的年輕人，他誠懇地指出，學校畢業後步入社會，不要把一切想得很困難，也不要想得太簡單。從簡單的角度來說道理很淺，那就是**肯吃苦，好好打基礎，要刻苦耐勞，忍受吃虧**。在社會上稍微吃點虧無所謂，神是公平的，總有一天會得到補償。❸

王永慶堅定地說：「**多吃苦，多用心做事，不但對社會有貢獻，同時自己也才能夠享受到辛苦工作後的甘甜**。就像運動流汗後，會感到渾身舒暢；肚子餓了，會感到食物的味道特別鮮美。享受是附生於工作之上的，疏忽工作而一味追求享受，結果是沒有眞正的快樂可言。」

---

❷王永慶於一九八三年六月六日，在台塑第十一期課長訓練班開訓時的訓勉詞。
❸王永慶於一九七九年對明志工專第十一屆畢業生的談話。

認清眞假辛苦

有一天，王永慶參加一個五、六百人的聚會，有一對大亨夫婦，太太在台上，先生在台下，太太下台時先生迎接太太於階梯旁。

此時，王永慶剛好走在這位先生的後面，只見先生一個箭步迎向太太跟前，一個洋式動作，手挽著太太，連聲說偉大偉大、辛苦辛苦！

王永慶氣憤地說：「我一聽，雞皮疙瘩都起來了，只在台上坐一坐，旁觀大會進行，有何偉大？有何辛苦？難道夫婦間禮貌要這麼周到嗎？這種禮貌我是不懂。假定先生吃太太做的菜，說這幾道菜做得很好，辛苦了，客氣一番，禮貌一番，我是不反對的，甚至可以增加和諧的氣氛。但這位先生依我的觀察，他是很認眞的，不是虛假的。大概由於太太一向很軟弱，從未吃過苦頭，所以他就以爲坐了一下是很辛苦、很偉大的，就滿口偉大偉大、辛苦辛苦地安慰起來。這種德行，怎麼能夠做事情呢？事情絕對辦不好的。」❹

他加重語氣接著說：「這不是笑話，這是一個很嚴肅的問題。」❺

一九七一年八月二十日，王永慶清晨三點半起床做早操，四點二十分到台北高爾夫球場打球，碰到一些熟人，他們恭維王永慶說：「王董事長，你每天這麼早來打球，精神這麼好，非常了不起。」

王永慶一邊謝謝他們，一邊心想：「打一次球要花一百多塊錢❻，如果我不是會員的話，差不多要花兩百元，這是在享受，爲什麼他們還是佩服我，說我了不起呢？」❼

這件事發生的前幾天，王永慶和幾位朋友吃飯，也有人說：「董事長，你精神這麼健旺，風雨無阻到球場打球，我們實在是辦不到。」

王永慶連忙回答說：「這沒什麼，是在享受呀！清早打球，這是我個人的興趣，雖然要花錢，我也必須去做，因爲對我的健康有好處，談不上什麼了不起。」❽

❹王永慶於一九七一年九月十一日，在台塑第三期新進幹部職前訓練結訓時的訓勉詞。
❺王永慶於一九七九年對明志工專第十一屆畢業生的談話。
❻以一九七一年之幣值來論，一百多塊已經不算少了。
❼王永慶於一九七一年八月二十八日，在台塑第二期新進幹部職前訓練結訓時的訓勉詞。
❽同❼。

王永慶嚴肅地指出，看看那些魚販和菜販，每天早上兩點半就要起床，不管睡眠不足多麼疲倦，也不管冬天寒流來襲多麼凜冽，他們總是一心一意要趕到中央市場去批購魚蝦、蔬菜。在中央市場還得用腦筋去想，一百元、九十五元、九十元、八十五元，怎麼樣？不買的話，別人搶走了，機會便消失了。所以這些小販也非得用盡心機、動腦筋去爭取不可，希望買到好的東西，拿回去叫賣容易出手，能多賺幾個錢。

他們就這樣，從清晨兩點半一直忙到上午十一點多，實在夠辛苦的。東西賣完了，回到家裡，下午又得再做一些其他的工作，才能貼補一家開銷。算一算今天賺了兩百元，目的剛達到，又要考慮明天的生意。

他又指出，打高爾夫球的人，胡裡胡塗，打得好不好，從未去計較，卻仍然花掉一、二百元。魚販、菜販這麼早起來辛苦所賺的錢，等於打球輕易所花的錢，那麼是誰了不起呢？只要比較一下，就豁然了解了。假如沒有比較，我們雖然在享受，卻仍然不會感到滿足。「所以有人捧我的場，恭維我，我自己卻感到不自在。如果不這麼想，不去做一番比較，常自認很苦，很偷懶。比較之後，知道自己比別人舒服，別人那麼苦都不在乎，我難道就不能和別人一樣辛苦地工作？別人做得來，我就做不來？記得時刻提醒自己，才會鞭策自己更努力，做得更多，吃更多的苦。[9]」

永不鬆懈

王永慶永不鬆懈的處世哲學，從台塑企業的經營理念中可清楚地看出來。他說：「台塑企業的經營理念，基本上，我們深切體認人性『由儉入奢易，由奢入儉難』，而且，人要鬆懈很容易，要緊張起來相對比較困難。所以，在企業經營上，首先要思考的基本問題是，如何維持不鬆懈的經營態度。」[10]

王永慶指出，他總覺得一個人太富足、太安逸，便會養成懶散的習慣，所以不能放鬆自己。[11]

---

[9] 王永慶於一九七一年八月二十八日，在台塑第二期新進幹部職前訓練結訓時的訓勉詞。

[10] 王永慶，《王永慶談話集第一冊》，二〇〇一年一月十五日《台灣日報社》出版，頁一六五。

[11] 劉泰英、王坤一，《王永慶談成功的企業管理》，一九八三年三月二十五日出版之第六卷第三期《台灣經濟研究月刊》，頁一〇。

他舉著名的日本十大紡爲例來說明。經過將近一個世紀，日本十大紡都是居於紡織業的領導地位，可是演變至今，已經不知不覺落在昔日爲中小企業的同行之後。這些大公司本來都具備良好的管理基礎，面臨競爭也都能維持優勢的條件，因而締造良好的成就；但是也正是因爲公司的營運情況良好，一切條件優越，長期下來人人都感覺無憂無慮，在安逸當中自然流於放鬆，所以逐漸走向衰退之路。⑫

王永慶說：「當企業發展到相當規模以後，一切自然趨向安定，如果沒有居安思危的警覺心，必定會在安逸中產生鬆懈，逐漸走向衰退，這是值得我們深深警惕的。」⑬

他更以「富不過三代」來說明鬆懈的可怕。

王永慶指出，白手起家的第一代，往往缺乏創業的條件，要接受很多現實的折磨，同時體認到，如果自己不格外努力的話，根本沒有出頭的日子。因此，辛辛苦苦地經營，創立了良好的基礎。⑭

第二代及第三代如果善加利用這個基礎，應該比第一代更加有成就。但是，人在舒服的環境中，往往不容易激發向上的志氣；第二代多少受到第一代言行的影響，還知道用功，到了第三代，不但沒吃過苦，甚至見也沒有見識過辛苦，就容易鬆懈。⑮

他感嘆地說：「人一旦鬆懈，外在的條件都無濟於事。這種過程的演變，往往讓人不知不覺，疏於防範。所以說，富貴不超過三代。」⑯

王永慶所說的道理淺顯易懂，第一代因爲吃苦耐勞所以成功了，第二代還持續能吃苦用功，勉強維持局面，第三代根本連「苦」字怎麼寫都不知道，自然而然就鬆懈下來了。

人一旦養尊處優，鬆懈下來，久而久之便成爲溫室裡的花朵，無法抵擋任何橫逆，當然離敗亡也就不遠了，所以說，富不過三代。

有鑑於鬆懈的可怕，所以王永慶在台塑企業經營理念中第一條揭櫫，維持

---

⑫王永慶，《王永慶談話集第二冊》，二〇〇一年一月十五日《台灣日報社》出版，頁二六一。

⑬同⑫，頁二六一至二六二。

⑭王永慶於一九七九年九月二十九日，在《經濟日報》與中華民國管理科學學會聯合舉辦的演講會上所發表的講詞。

⑮王永慶於一九八三年十月二十六日，在美國賓州費城華頓學院的演講詞。

⑯同⑮。

不鬆懈的經營態度，是台塑經營的首要思考。

毅力驚人

王永慶是一位毅力非常堅強的人，這從他每天的晨跑就可以看出來。

他從四十九歲開始運動，三十九年來從不間斷。剛開始他打高爾夫球，以後改爲游泳，從一九七八年八月起開始晨跑。他每天清晨兩點半起床，不論溽暑寒冬，或是颳風下雨，從沒間斷過晨跑。即使身在國外，甚至生病，也不例外。

王永慶慢跑的地點就在敦化南路台北市立體育場，後來改在台塑十三樓的空中庭院。剛開始的時候，他每天跑體育場的操場十二圈，一圈四百公尺，十二圈就是四千八百公尺；以後，慢慢地增加到每天一萬公尺；後來，醫生說他太瘦，必須減少運動量，才又改回每天跑五千公尺，外加半小時的毛巾操。[17]

他說：「運動一定要做到筋骨動，心臟跳，汗水流之後，才可以停下來。」

王永慶認爲跑步很苦也很枯燥，但是，爲了鍛鍊強健的體魄，就必須持之以恆地做下去，久而久之，就會感覺像是日常的工作一樣，而不覺得辛苦了。

他說：「像我這樣年齡的人，走走路、散散步也是可以的，但是，主要是因爲過去鍛鍊不夠，假如以前年輕時有鍛鍊的話，就不會像現在這樣，必須早上起來跑步來強制自己運動。」⑱

王永慶對平日晨跑、但每逢下雨就停跑的人，頗不以爲然，他說：「許多早上起來跑步運動的人，每逢下雨天就停跑了。其實，即使頭上雨下個不停，地面上濕漉漉的，還是可以跑的。因爲跑步以後流汗，全身會被汗水浸濕，這跟被雨水淋濕有什麼不同呢？平常能跑而下了雨就不跑，說身體跑出來的汗被雨淋了不好，這是沒道理的。」⑲

他認爲，人生就像在跑步一樣，要每天不斷地練習。如果你要比別人跑得快，就必須加倍努力。

⑰毛巾操是一種以毛巾為運動器材的體操。
⑱王永慶於一九八三年十月二十六日，在美國賓州費城華頓學院的演講詞。
⑲王永慶於一九七九年十月二十一日，在明志工專南區校友會上的談話。

王永慶說：「如果別人跑在你前面，你就要尊敬他，因爲他比你努力。」⑳

他每天晨跑回家之後，不讓別人先替他準備好洗澡水，而都自己動手。爲什麼他要親自準備洗澡水呢？主要是爲了事事都要求合理化。

王永慶解釋說：「雖然我運動跑步的時間都很固定，但是如果偶爾想多跑或少跑幾圈時，別人爲你準備的洗澡水就會太熱或太冷；而且，當你讓別人服侍習慣以後，對這些情形就比較不容易忍受了。尤其是冬天，遇到洗澡水冷了，甚至會發牢騷，服侍你的人也會無所適從，種種問題就出現了。

「準備洗澡水也不是什麼難事，應該自己動手才對。水要多熱多冷，自己最清楚，溫度適當，洗了也最舒服，這樣才是合理化。如果認爲這是小事情，不去求出個道理，這樣也好，那樣也可以，久而久之，很多事情就會變得不怎麼合理了。」㉑

他從每天的晨跑悟出養生之道與經營哲理。那就是，身體若要健康，必須每天持續不斷地運動；企業經營要成功，必須跟跑步一樣，每天鍥而不捨地鍛鍊與努力。這個道理很淺，卻是一般人很難做到的。

信守承諾

王永慶不但毅力驚人，而且非常守信用。

台塑公司於一九七三年辦理現金增資的「溢價退款案」，最能證明王永慶的信守承諾，這一事件至今仍被許多投資人津津樂道。

一九七三年，台塑公司爲擴建而辦理現金增資，於是提出增資股權的兩成，以每股二四四元的價位辦理承銷。當時不巧碰上石油危機，股價因而大跌。所以，在一九七四年初進行承銷抽籤時，股價已經滑落到每股二三八元。股市爲此一片譁然。

不久，台塑公司召開六十三年度股東大會時，那些抽中增資股而被套牢的股東，向王永慶提出承銷價與市價之間差額的問題，希望台塑公司能補足。王永慶當場爽快地答應，在六月三十日以前，如果增資股的市價未超過二四四元

⑳王永慶於一九八五年八月二十四日華視「週末派」節目中，接受主持人張小燕訪問時表示。
㉑王永慶於一九八一年十一月七日，在台塑第五期課長級人員訓練結訓時的訓勉詞。

的承銷價，公司願意以六月三十日的收盤價，做爲補足承銷價與市價之間差額的基準。

結果，股價持續下跌，台塑增資股六月三十日的收盤價只有二〇二元。王永慶依照約定每股退回中籤股東四十元，一共退了四千萬元，開創股市空前的紀錄。

事實上，王永慶當時如果不履行約定的話，那些股東打官司也未必會贏，但是重承諾的他絕不會這麼做的。從此，王永慶「一諾千金」的美名不脛而走。

成功與運氣

在工商協進會，有人曾經問王永慶，他的企業經營成功是否因爲運氣特別好？

王永慶答道：「是的，我的運氣不錯。一般而言，不論成功也好，失敗也好，我們都把它歸諸於運氣。失敗的人，不要灰心，是運氣不好；成功的人，應該有謙遜之心，因爲成功是眾人協助和良好環境所造成的，不要把自己估價得太高。

「不過，以前的成功和失敗可以說是運氣的關係，以後可就不能這麼說了。失敗的人，說是運氣不好，再等下去，而不努力奮發、改善管理的話，運氣是不會來的；成功的人，認為運氣好，也就不去努力奮發、做好管理的話，他的運氣就要變壞了。」㉒

他又說：「關於運氣，我想這是不可否認的；有人運氣差，會遭遇到意料之外的不幸，也有人運氣好，遇到貴人在重要的關頭拉他一把，這些都是運氣的關係。可是，我們無法製造好的運氣或是排除不好的運氣。因此，我認為要緊的還是自己的實力。

「對於一個不斷自我培養實力的人來講，當好運氣來臨時，他就會有足夠的智慧充分加以運用，使這個好運氣對自己的發展產生最大的利益；當不好的運氣降臨到身上，他也能夠妥善因應，使損害降至最低的程度。」㉓

㉒王永慶於一九七一年十月十六日，在台塑第五期新進幹部職前訓練結訓時的訓勉詞。
㉓王永慶於一九八四年五月十八日，在明志工專對應屆畢業生的談話。

基於對運氣的積極態度，當王永慶遭到失敗、失意之時，他就當做壞運氣在捉弄，鼓舞自己奮勇繼續努力；當事事順遂之時，他就把成功歸諸於好運與旁人相助，懷抱謙虛，繼續努力奮鬥。

王永慶上面所說的幾段話也在表示，成功固然有運氣的成分，可是運氣是掌握不住的，最重要的還是實力、志氣、抓住機會。否則，好運也會變成壞運。

台灣豐群集團創辦人張國安曾經說過：「機運，不過是個人早先努力累積起來的結果。」

比照王永慶與張國安兩人談論運氣，實有異曲同工之妙。

8 性格特色

念舊不忘本

王永慶非常念舊，並常常勉勵自己不能忘本。

談到念舊，他的老司機就是一個好例子。

阿明是王永慶過去的轎車司機。阿明在年齡大了以後，就向他辭職，王永慶念在阿明追隨多年，於是將阿明安排到台塑高雄廠當物料管理員。不料阿明沈迷於賭博，欠下一屁股債。最後在債主催急之下，竟把倉庫內塑膠粉粒擅自變賣去償還賭債，並從此不敢去上班，過著東躲西藏的日子。

王永慶在獲知上情之後，設法把阿明找來談話。阿明羞愧地低下頭，心想：「這下完了，一定被送去法辦。」結果出乎阿明意料，王永慶不但沒有把阿明送警法辦，只是狠狠地訓斥他不可再沈迷賭博，要好好重新做人，並要阿明第二天回到公司上班。阿明當時感動得差點跪下，從此肝腦塗地賣命工作。

王永慶說：「人總會做錯事，這是無可厚非的，但只要發現做錯了，就得馬上更正。也許我是老頑固，經常發現這件事情不對，那件事情不對，發現了就要改正它。我就是這樣不斷追求每件事情的合理化，我想這就是促使我努力的動力之一。」[1]

他常常告誡員工要吃苦奮鬥，有朝一日有成就時，千萬不可忘記那份苦楚，要在心裡更加謙卑，在行事上更加忠厚，時時念著困苦的過去，提醒自己不能忘本。

在現今台北縣新店市直潭里的孔仔崙上，仍有王家的舊宅。王永慶在舊宅下方整理了一座小花園，並在花園中蓋了一座「報恩亭」，藉以懷念祖先，不敢忘本之意。

在社會上，我們常見一些窮苦出身的人，一旦稍有成就，便神氣活現，自大放縱起來了，由於自己的父母還保持有鄉下人的土氣，遇到有客人來訪，怕失了自己的面子，居然不屑於引見自己的父母。

王永慶說：「忘本的人連狗都不如，狗一定不會因爲鄰居的狗吃得比牠好，就不喜歡自己的主人。不能飲水思源，忘其所出，這樣的人還能推己及人、愛屋及烏嗎？還能期望他對企業及社會有所貢獻嗎？」❷

不算命，不打牌

一般人對算命與打牌都極感興趣，王永慶則是既不算命也不打牌。

國內的算命界曾有傳言，王永慶的生辰八字屬木，而金剋木，因此王永慶「遇金不利」，所以他過去經營的事業——米店、木材、塑膠等，都是與金無關的產品。

有人以此傳言詢問王永慶，他的回答是：「我一生中沒有請人看過相。因為，**從前的命運怎樣，自己已經曉得了；以後的命運怎樣，是自己要打算的。**我相信科學的東西。」❸

王永慶的這段話，正好與他平時只談未來、不談過去的作風相吻和。台塑

❶王永慶於一九七九年三月二十日，在台大商學研究所的演講。
❷王永慶於一九七一年十月十六日，在台塑第五期新進幹部職前訓練結訓時的訓勉詞。
❸王永慶於一九七五年五月十二日，在明志工專對應屆畢業生的談話。

公司一位高級主管就說過：「台塑企業的經營，注重科學化的管理，排除不可知的因素，因此，不看黃曆也不拜拜。」❹

國內一般企業界的老闆對風水都趨之若鶩，可是，王永慶似乎不怎麼在乎。

他說：「大家都說要看風水，觀音山公墓的墓地，百分之九十以上雖然都有風水先生去看過，卻沒有被公認說這塊空地不好，幾乎所有的空地都被利用了，可見風水都不錯，都可以下葬，那還看什麼風水呢？統統符合風水呀！我不反對風水之說，也不敢說沒有風水，但沒有空地留下來，都擠滿了，那麼風水看不看不都一樣？」❺

台灣的若干地理名師認爲，王永慶之所以有今日的成就，是受其曾祖父王天來墳地風水的庇蔭；而王永慶自己對風水卻不怎麼在乎。這倒是一件很有趣的事。

談到打牌，王永慶是會打而不打。據他自已承認，在他小的時候，直潭賭博風氣很盛，由於耳濡目染的關係，那時候就學會打牌了。到嘉義以後，他就戒掉了。❻

王永慶並不反對衛生麻將，可是，他認爲衛生麻將不易控制在適當的程度，他說：「我原本認爲麻將是既高雅又很有意思的娛樂，親朋好友歡聚一番，打打衛生麻將，淺嘗即止，當然可以享受；問題是是否能控制在適當的程度，依我看，恐怕很難。」❼

他認爲打麻將剛剛開始很開心，但最後卻不一定能帶來快樂。

他指出，他看過一些朋友打麻將，四個人在開始玩時，都很開心，嘻嘻哈哈，很親密的樣子。但是，玩了一段時間以後，大家都顯得很疲倦。贏和輸的人，各有心事。贏的人，因爲贏了朋友的錢，終究不大好意思，心裡怪難過的；輸的人，因爲輸了錢，心裡自然不痛快。所以四個人無論贏錢或輸錢，到最後都覺得不舒服。

---

❹何飛鵬，〈企業家相不相信鬼神？〉，一九八四年四月八目出版之第三一九期《時報周刊》，頁九八。
❺王永慶於一九七一年九月二十五日，在台塑第四期新進幹部職前訓練結訓時的訓勉詞。
❻王永慶於一九八二年十月四日，在台塑第二期在職人員訓練班開訓時的訓勉詞。
❼王永慶於一九七九年九月二十九日，在《經濟日報》與中華民國管理科學學會聯合舉辦的演講會中的演講。

像這樣，剛開始很開心，到最後卻不舒服，那不如不玩。

沒有階級觀念

王永慶是白手創業成功的傳奇人物。因爲他有充沛的精力、良好的判斷力，以及超人的耐力，所以他成功了。由於他的成功，每個人都很尊敬他。他靠自己的雙手和智慧爬到事業的巔峰，他有七萬四千名部屬，但很少是親密的。

在台塑工作了四十多年，現任台塑總管理處總經理室副總經理的楊兆麟說：「王董事長在開會時是十分嚴肅的；平時，即使和追隨多年的手下，也大多只有業務上的溝通。整個台塑企業上上下下，完全不講工作以外的親戚、朋友關係，辦實業的人，就是要這樣子！」❽

對於王永慶，即使追隨他四十多年的得力幹部，也無法越過老闆與部屬的關係，而成爲知心的朋友。在業務上，楊兆麟可以暢所欲言與王永慶反覆溝通磋商，可是在磋商之時，楊兆麟仍然必須恭謹地遵守屬下的禮節。

在台塑關係企業的主管眼中，王永慶是一位做事講求計畫，數字觀念極強，追根究柢，一絲不苟的人。

他不善言詞，「罵人」卻大大有名。在台塑公司著名的午餐會報之中，不知有多少主管挨過他的痛罵。

可是，一般基層員工對他的觀感卻與主管大不相同。一位曾被王永慶召見過的職員事後說：「在我想像之中，他是一位很兇而不講理、會罵人的大人物。想不到這次的接觸，改變我多年來的印象。令我最感動的是他愛護部屬的心情，他其實是一位和藹可親的上司，不吝惜付出寶貴的時間循循誘導，不厭其煩地指示做事的原則。」❾

楊兆麟說：「王董事長是最沒有階級觀念的人！屬下對他，從無所謂『冒犯』，只有不斷地研討與溝通，希望見解上能相互認同。他往往揉合了嚴格與期待的心情，來愛護那些努力工作的基層員工。」❿

❽胡嵐陵、胡永芬，〈台灣第一神秘〉，一九八五年八月一日出版之第一期《大人物》，頁二一一。
❾陳國鐘，《王永慶言論資料總論》，台北：永慶出版社，一九八〇年九月初版，頁五九三。
❿同❽，頁二一一至二一二。

由此可知，他可以對不同的人表現出不同的態度。與其說他善變，不如說是經營者在統御領導上正常的運用手法。

王永慶有很多朋友，但很少知交。有一位朋友說：「我和他是二十年的朋友，但是我大約一年才和他見一次面。」⓫

他是孤寂的。事實上，舉世任何領袖人物，在成功之後，孤寂自然也就伴隨而來，所謂「高處不勝寒」，王永慶又豈能例外。

率直犀利

王永慶的一位朋友說：「王永慶做決定很快，但改變主意也很快。他說話率直犀利，常得罪人。」

我們以下列幾個實例，來說明王永慶率直敢言、喜怒形於色的作風。

一九八五年八月十五日，經革會產業組舉行第三次會議時，王永慶當主席，爲討論勞動基準法退休金給付修改問題，邀請內政部勞工司長湯蘭瑞表示意見，結果因湯司長言不及義，又強調勞基法實施才一年，不宜輕言修改，被王永慶按一聲長鈴，結束湯蘭瑞的發言。弄得湯蘭瑞當場下不了台，並說：

「這豈是待客之道？」

行政院在一九八五年五月七日成立經濟革新委員會，王永慶與徐風和都是委員，當天開會，徐風和發表了一篇五千字的論述，在徐未講完的時候，王永慶即阻止徐發言，認爲那篇東西是泛泛之論，不須浪費大家的時間。一時弄得徐風和非常尷尬。

這種場面，在多年前的國建會上也發生過。

當時，宏碁電腦總經理施振榮即席向當時的經濟部長趙耀東大吐資訊工業的苦水，並請政府對尚在萌芽的資訊工業給予適當的保護。施振榮一講完，王永慶立即站起來，大聲反對政府保護任何行業，弄得施振榮灰頭土臉。

在趙耀東擔任經濟部長時熱心推動的大汽車廠，曾聘請王永慶擔任大汽車廠的董事長。據說，有一次召開大股東會議，他把個人意見說完之後離席，其他人等了很久，未見他回席，才知道他已逕自離去了。

幾年前，中華經濟研究院院長蔣碩傑曾在《中央日報》寫了一篇文章，文

⓫黃友彬，〈王永慶後繼無人〉，一九八〇年四月五日出版之第七〇期《管理雜誌》，頁二一。

中批評國內的企業家實施「五鬼搬運法」，把政府與老百姓的錢都搬到他們的口袋裡去了。這篇文章引起國內經濟學者的口誅筆伐。

就在這個時候，《中國時報》與《工商時報》舉辦了一項以「五鬼搬運」爲題的大辯論。辯論的一方是以蔣碩傑、費景漢爲首的國外經濟學者；另一方是由王作榮爲首所組成的國內經濟學者，外加王永慶爲首組成的企業代表。當時，台視對這場大辯論做了實況轉播。

當晚，王永慶起初靜靜地聽對方講，沒多久，輪到他講，他愈講愈激動，愈講火氣愈大，講完話後離席拂袖而去。

由於王永慶這種率直敢言、喜怒形於色的作風，因此，有人說他是「會做事，似乎不太會做人。」⑫

對於這樣的批評，王永慶三十多年的老友王作榮教授則有不同的看法。他說：「王永慶董事長處理事情及待人接物，雖然顯得有些剛強，但通情達理，而且自有格局與氣勢，並不是一個普通的企業家。」⑬

坦誠得可愛

王永慶是一個很踏實的人，討厭虛偽的行爲。

我們常見社會上有地位的人，在父母親去世時喪葬場面弄得很大，非常熱鬧，還雇人充孝子，呼天搶地地哭。許多朋友同事雖然不認識他父母，也都前來弔祭；等到他自己死了，喪葬場面不如他的父母，許多朋友同事也不來了。

王永慶說：「這就是虛偽，對死人虛偽，對活人也虛偽。這些都是爲了做給別人看的。我想越是落伍的國家越有這種虛偽的表現。」⓮

由於討厭虛偽，王永慶行事非常坦率，下列就是一個實例。

時報文化出版公司請了四十五位教授，將經、史、子、集等四十五本歷代的經典改寫成白話文，要出版一套青少年版的《中國經典寶庫》。每位教授各花一年時間改寫一本。在一九八〇年改寫完成，即將出書之前，來請教王永

⓬曉林，〈王永慶會做事不會做人？〉一九八四年四月十日出版第二八期《財訊》，頁二一。

⓭王作榮，《壯志未酬》，一九九九年三月十日天下遠見出版公司出版，頁三九七。

⓮王永慶於一九七一年九月二十五日，在台塑第四期新進幹部職前訓練結訓時的訓勉詞。

慶對這套書的意見。

王永慶當時誤解了，以爲該套書還在籌備階段，所以，他告訴時報文化出版公司的人，那是一件非常有意義的事，但是，一位教授花一年時間，只是將古籍經典翻譯成爲白話，而沒有將它的道理清楚闡釋出來，效果恐怕很有限。因此，王永慶建議他們，與其由四十五位教授寫四十五本書，不如由四十五位教授合寫一本書。

事後，王永慶知道他們書已經寫好快要出版時，他說：「實在感到恨抱歉，我一向坦率，除非不表示意見，否則就說得清清楚楚。」⑮

還有一次，王永慶接受《今周刊》主筆陳翊中的訪問，談到他女兒王雪紅經營的威盛電子與女婿簡明仁經營的大眾電子，搖頭苦笑道：「我純粹就事論事，像威盛、大眾一樣「搶人」（意指向股東搶錢），實在是……唉！對社會不老實啊！」⑯

王永慶對別人如此，對自己又如何呢？

他曾經毫不諱言說出，他唸小學時不用功，成績總在班上最後十名；他也承認，唸小學時，父母常要他扛五十台斤的飼料走十公里路回家，當時他覺得很討厭。

他說過，他小時候就學會打牌，到嘉義之後才戒掉；他也承認，從事塑膠業是胡裡胡塗不加思索答應的，當時連塑膠是什麼都不知道。

從上面幾件事情，可以看出他坦誠得可愛。

還有，一九七五年，他在接受美國聖若望大學贈授榮譽博士學位的典禮上，堅持拒絕用英語而用國語演講。他可能是在聖若望大學贈授榮譽博士學位的歷史上，唯一一位不用英語演講的博士。

由這件事也可以看出他自尊自重的一面。

王永慶深知「滿招損、謙受益」的道理，他說過：「如果有人覺得自己了不起而驕傲，他離失敗一定不遠，所謂『滿招損、謙受益』，而且『驕者必敗』。驕傲的人不僅不能認識自己，對自己所處的環境也一定認識不清，即使他眞的能幹，因爲驕傲的態度，不與人合作，也得不到別人的幫助，仍然不能

⓯王永慶於一九八〇年十月十二日，在明志工專中區校友會中的談話。

⓰陳翊中，〈獨家專訪經營管理之神——王雪紅、簡明仁不敢來看我〉，二〇〇四年十月十一日出版之第四〇七期《今周刊》，頁五三。

發揮，所以能幹也變得沒有用了。」⑰

一切的表現，可能是個性使然吧！他的三太太李寶珠深知他的個性，因此，時常提醒他，並替他在朋友與同事之間打圓場，以免造成太多尷尬的場面。

事必躬親

一般的企管教科書都指出，企業的負責人只要做政策性的決定，其他事務性的工作交給部屬辦理即可。

王永慶的做法與教科書上的企管理論有很大的出入，他對每一件事都追問到根處的細節，鉅細彌遺，因此有人批評他像一位令人激賞的廠長，而不像是一位卓越的董事長。

王永慶的看法是，書本上所指的是歐美國家的企業情況。歐美的企業歷史悠久，各種管理都已合理化、制度化，企業負責人當然可以只做政策性的決定，而將事務性的工作交給部屬辦理。可是，開發中的國家管理尚未上軌道，負責人如果不參與事務性的管理，那公司如何追求合理化與制度化呢？

有一次，他與日本一位年輕的社長洽事。他問那位社長一些問題，社長回答說：「我比較專門，大政策我決定，小事情，我得叫負責的部長、課長來問。」王永慶說：「老實講，我看不起那位社長。」

據台塑一位主管說，為了使往來林口與台北之間的交通車司機，能夠有效地利用時間，王永慶也參與改善交通車時刻表。由此可知，他事必躬親的程度，的確超出一般企業老闆甚多。

一絲不苟

王永慶一絲不苟的處世態度也令人叫絕。

有一次，有一家銀行派人到台塑找王永慶對保，承辦人員見到王永慶後，就請他在對保單上簽章。

雖然親自見過王永慶的人不多，但在報紙、雜誌、電視上應不難見過他。因此，大部分的人對他都應該留有相當的印象。這位行員親自見到王永慶簽字

⑰王永慶於一九七一年十月十六日，在台塑第五期新進幹部職前訓練結訓時的訓勉詞。

後，很放心地收回保單就道別了。

誰知道，第二天，王永慶打電話給這家銀行的經理說，昨天的對保不算，理由是手續不全；因爲對保人員沒有校對他的身分證，如何證明他就是王永慶？所以請銀行再派人前往對保。從這個小故事，我們就可以知道王永慶一絲不苟的處世態度！

9 節儉樸實

王永慶已是國內公認的大富豪了，可是他不但生活儉樸，而且經常在公開的演講場合裡，指出台灣沒有浪費的本錢，大聲疾呼國人要節儉，這一點非常難能可貴。

中菜西吃，衛生節省

若干年前，台塑公司有四位主管，因公請三位客人吃飯。結果，一頓西餐下來，一共吃掉兩萬元。這件事被王永慶知道以後，不但把四位主管叫來狠狠訓斥一番，還處罰了他們。

王永慶對部屬如此，對自己如何呢？他的應酬地點多半在台塑大樓後棟頂樓的招待所內。招待所內備有廚師、女侍。在這裡宴客，除了具備衛生、可口等優點之外，最主要的就是節省。

曾經當過王永慶座上客的人都指出，招待所的菜色相當精緻可口，而且，有一項特色就是，菜的分量不多也不少，恰到好處。一般餐廳出菜鋪張，分量過多，以致吃了一小部分倒掉一大部分的情形，在招待所裡絕不可能發生。

此外，他經常採用「中菜西吃」的方式，讓大家圍在圓桌前，將個人盤子端出，由侍者個別分菜，一人一份，吃完再加，既衛生又不浪費。

一般工廠裡大都採自助餐式供應員工伙食，吃不完飯菜倒掉的情形，可以說非常普遍。這種情形在台塑關係企業的伙食團裡不可能發生，因爲王永慶規定，員工吃自助餐時，菜與飯都是自取，而且分量不限，可是舀到餐盤裡的菜飯絕對不可剩下或倒掉，否則要受罰。

由於台塑關係企業的伙食團沒有倒掉的菜飯，換言之，就是沒有浪費掉的菜飯，因此，在相同預算之下，他們的伙食辦得比別人好。

王永慶經常提醒廚師要節約能源，他說：「湯煮滾了，應立刻將火關小；滾湯溫度達到沸點一百度後，繼續用火燒，那只是浪費瓦斯而已。」

吃的哲學

他吃西瓜、葡萄從不剔籽，因爲剔籽太浪費時間了。

王永慶說：「有人吃西瓜要慢條斯理地把瓜籽一粒粒剔出來，其實這又何必呢？統統吃下去也不會出毛病的。吃葡萄也有人要細細地剝皮和剔籽，豈不太浪費時間嗎？要發展工業，先要養成不浪費的習慣，節約時間，節省物料，刻苦耐勞。」❶

他很看不慣日本人吃水蜜桃的習慣，他說：「日本人吃水蜜桃，很斯文地在原本薄嫩的皮上用刀子削去厚厚的一層，然後四周各切下一片，就把大半個水蜜桃丟棄了，這種吃法實在太浪費。雖是一分錢的東西也要撿起來加以利用，這不是小氣，是一種精神、一種警覺、一種良好的習慣。」❷

談到吃，王永慶認爲，好吃並不在菜的好壞，而在於肚子是否餓了。他表

---

❶王永慶於一九七二年十一月一日，在明志工專對該校學生的演講。

❷同❶。

示，我們吃東西，不一定要吃好的，粗茶淡飯也能吃得律津有味。因爲，假如你天天吃大菜，吃得太多、太油膩了，肚子太飽了，反而什麼大菜都吃不下。假如肚子餓的話，就會覺得什麼都好吃。他記得小時候到學校唸書，下午放學回家，肚子餓了，將冷飯炒一炒，加一點豬油與醬油，便覺得香噴噴的非常好吃。

他對長壽者吃東西的問題，有一套獨特的看法。

他說：「長壽的人似乎不是經常吃魚肉，而且吃得很簡單。吃對他們來講，並不是爲了滿足口腹之慾，而是肚子餓了必須餵飽它。但是奇怪的是，爲了滿足口腹之慾的人，越追求食物的色香味，越覺得飯菜無味；反而是只求得溫飽的人，卻咀嚼得出菜根的香甜，其中的道理很值得我們玩味。」❸

拒絕訂做新西裝

王永慶不但吃得節省，在穿著上，他也相當節省。

在台灣，之前似乎有一種很奇怪的心理：流行訂做西裝，如果不是世界一流的料子，做出來穿在身上就會渾身不舒服，感覺腰挺不直似的。王永慶說：

「其實一套西裝，兩萬塊錢也好，三千塊錢也好，穿在身上感覺都差不多的。」❹

有一次，一位朋友送王永慶一套西裝料，他請了裁縫師父到家裡量身製作。裁縫師父乘機向他推銷，說是別人一做都是數套，還有一次就訂製十套以上的。王永慶回答他說：「西裝做多了也是浪費錢，我認為需要的時候才製作，我做一套就夠了。」❺當時裁縫師父還說他很節儉。

又有一次，王永慶有一陣子因為晨跑而腰圍縮小，平常所穿的西裝因而顯得不太合身了。太太特地請裁縫師父到家裡為他量身，準備替他訂做幾套新西裝。沒想到，王永慶忽然從衣櫃裡拿出五套舊西裝，堅持請裁縫師父把腰身改小就行了，而拒絕訂做新的。他認為：「既然舊西裝都還好好的，改一改就能穿了，何必浪費錢再做新的呢？」❻

❸王永慶於一九八〇年九月十七日，對明志工專新生的精神講話。
❹王永慶於一九八〇年十月十二日，在明志工專中區校友會中的談話。
❺同❹。
❻宋梅冬，〈母親口中的王永慶〉，一九八〇年五月十四日《經濟日報》第十二版。

他曾經告訴工人說：「你們所戴的工作手套，如果一個掌心磨穿了，不妨翻過來，換戴在另一隻手上再用，這便是節約資源。」❼

王家所用的香皂在變成一小片時，不會將之丟棄，而是把這塊小香皂黏附在大塊的新香皂上繼續用。

王永慶每天做毛巾操所用的毛巾，一用就是三十年，到今天還在用。❽

台塑關係企業的一個信封通常可以使用十多次，訪客的招待一般是白開水一杯。

經濟艙與頭等艙

一般公司大都配發高階主管人員轎車以代步，台塑關係企業基於節約的理由，不但處長級沒配轎車，連經理級也沒有。

早幾年前，王永慶每次搭飛機出國都坐經濟艙。他的想法是，既然相同時間到達目的地，只是位置稍寬敞些，何必多花錢買頭等艙呢？

有一次，被飛機上的服務小姐發現，執意請他坐到頭等艙。此後，爲了避免服務人員的邀請，而改買頭等艙。

在改買頭等艙之後，爲了不浪費起見，他改變以往的習慣，將飛往目的地的這段時間安排爲他的睡眠時間，以便下機之後能立刻工作。

王永慶爲避免員工浮濫報出差費，除了規定七千元以上必須當面查詢清楚，並嚴格審查所報的費用之外，他還在各廠區營業處都設有招待所，以便用最節省的方式解決出差員工吃與住的問題。

他在美國紐澤西州有一幢高級住宅，宅內有網球場、撞球枱、乒乓球桌、三溫暖、游泳池等，設備齊全。每當員工出差到美國當地，常被指定到該處安歇，以節省一筆住宿費。

王永慶指出，國人的消費從給旅館的小費就可以看出來了。

他說：「以前，在國外住旅館付美金一塊的小費時，在台灣只要付新台幣十元小費，當時難免教人感到付一塊美金實在太多。現在，在國外住旅館付美金二塊的小費，在台灣一次付新台幣二百元不算稀奇，而且也不被認爲太

❼王永慶於一九七五年元月九日，在接受美國聖若望大學贈授榮譽博士學位時的致謝詞。
❽一九八五年八月二十四日華視「週末派」節目中，接受主持人張小燕訪問時表示。

多。」❾

相形之下，國外的小費只漲兩倍，而我們卻漲了二十倍。

看不慣奢靡風氣

在前後短短數年之間，國人花錢的方式為什麼會有這麼大的差別呢？王永慶認為，那是因為國人有一種錯誤的觀念——有了物質享受，生活水準就是提高了。這一錯誤觀念養成浪費的生活態度。

目前各大小都市裡，餐廳、賓館、咖啡廳、沙龍四處林立，種類數量之多可能是世界之冠。

先進國家的大小都市裡不像我們有那麼多的消費場所，一到晚間，多數留在家裡與家人共享家庭之樂，這一點實在值得國人多學習。

我們常聽人說，台灣一年可以吃掉建築兩條高速公路的費用，浪費成習的奢靡風氣，實在令人擔心。

目前，我國的國民所賺的錢只有先進國家的四分之一，花錢卻是別人的四倍。以當前社會的種種跡象看來，我們的勤儉美德似乎隨經濟發展而逐漸衰微，這對未來的發展相當不利。

事實上，我們眼前的企業繁榮，絕大部分是依賴國民傳統勤勞的美德，賺取與國外相比的工資差額而來的，眞正憑管理合理化所賺的錢並不多。

王永慶以本身的經驗爲例，談到國內奢華虛浮的現象。他曾宴請美國分公司二百六十名員工與眷屬，包括吃飯及給小孩的禮物，一共只花了一千二百美元，合新台幣五萬元都不到。在國內，如果以同樣費用請客，頂多只能辦五桌酒席，只能請六十人參加；要是再高級一點，恐怕只能辦兩三桌酒席❿。

以個人的消費金額比較，我們超過美國人四倍，但工資僅及美國人的四分之一到五分之一，由此可見我們一般的消費是如何浪費了。

上面所談的是一般國民在食、衣、住、行等日常生活中日趨奢華浪費的情形。其實，國家資源的浪費也是相當可怕的；王永慶早在一九七一年就曾明確指出，山林浪費的可怕情形。

---

❾王永慶於一九七九年九月二十九日，在《經濟日報》與中華民國管理科學學會聯合舉辦之演講會中的演講。

❿一九八五年二月十一日《聯合報》。

受不了資源浪費

當時台灣樹木的砍伐採用標售方式，得標的業主在伐木時，依林產物處分規則的規定，只許搬走足夠林務局標售的材積。業主在伐木時，不但有許多的枝梢殘材，而且因材積調查每每有出入，常有砍伐過多的情形。按照規定雖然可以再繳款申請伐取，但因業主二次作業不合成本，不是勾結檢查人員盜伐偷運，就是索性放棄。這種多餘的原木與廢棄的枝梢殘材任其腐爛，對業主而言沒有損失，但對國家而言則是一種資源的浪費。

王永慶痛心地說：「數十年來這種廢棄的累積非常驚人，如果能用來製造木漿，由木漿而製造嫘縈棉，其中所衍生產品的價值在數十億美元。」⑪

台灣不產棉花，一向仰賴進口。當時在鄉下農家常可看到一家人合用一條棉花做成的破爛毛巾。因爲用太久了，毛巾的纖維慢慢脫落，雖然稀疏得像蚊帳布，卻還在使用。

看到這種情形，王永慶不禁慨嘆道：「一方面是一條毛巾用得破破爛爛捨不得丟掉；一方面是數十億山林的浪費。看得見一條毛巾的幾塊錢，卻看不見三分之二⑫山地龐大的資源損失，這眞是不可思議啊！」⑬

在一九七〇年代，仍有許多人用木材來燒火煮飯。如果用實際金額比較木材與瓦斯，就會發現用木材做燃料的浪費情形。

當時王永慶指出，根據農復會的統計，台灣有二百多萬戶、大約一千四百萬人口⑭，每年用掉三百萬噸木材，說起來並不算太多⑮。但這三百萬噸木材如果用來做木漿，四噸木材可做一噸木漿，三百萬噸木材可做七十五萬噸木漿。一噸木漿市價一百四十美元，七十五萬噸就有一億零五百萬美元。一噸瓦斯的燃燒能量大約等於十噸木材，那麼三百萬噸木材不過是三十萬噸瓦斯。進

---

⑪王永慶於一九七二年十一月一日，在明志工專對該校學生的演講。

⑫台灣的山地面積約占總面積的三分之二。

⑬同⑪。

⑭一九七二年的人口數。

⑮每戶每月使用的瓦斯約為二十五公斤，每戶每年需瓦斯三百公斤，瓦斯與木材的燃燒能量為十比一，因此每戶每年需木材三噸。農復會統計的三百萬噸木材用量除以每戶每年使用量三噸，也就是一百萬戶。所以，農復會所說的三百萬噸實際僅有半數人使用木材，另一半使用其他燃料。

口一噸瓦斯CIF[16]才三十五美元，三十萬噸爲一千零五十萬美元[17]。

如果用瓦斯取代木材做燃料，一年就可節省九千四百五十萬美元。而且，使用瓦斯還有簡便、省時、避免空氣污染等好處。

最後，筆者願用王永慶一句頗富哲理的話，做爲本篇的結束。

他說：「我常常這樣想，上帝的安排是很奇妙的。有資源、先天條件夠的國家，往往比較懶散，容易耽於逸樂；那些缺乏天然資源的國家，多數則會體認自己的環境限制，爲了求生存發展而用心勞苦。」[18]

⑯是一種國際貿易上的報價條件，運費與保險費均由賣方負擔。
⑰王永慶於一九七二年十一月一日，在明志工專對該校學生的演講。
⑱王永慶於一九八〇年十月十二日，在明志工專中區校友會中的談話。

◀ 王永慶的父親王長庚
（取材自工商時代）

▼ 這就是王永慶位在新店直潭的祖居
（取材自工商時代）

第四篇

王永慶的家人與接班問題

10 王家的過去與現在

要了解王永慶的家族，必須到王家的祖厝——感恩堂——去找答案。

感恩堂座落在新店直潭國小附近，在感恩堂裡，掛著王家已去世的祖先遺照，在這裡，我們找到了王永慶的家世。

從福建安溪到台灣新店

清朝道光年間，大約距今一百五十年前，王永慶的高祖母許雪娘原住在福建省安溪縣金田鄉，由於生活窮困加上喪偶，她毅然帶著兒子王天來與媳婦林謹離開安溪來到台灣謀生。

王家在福建安溪原以種茶維生，所以搬到台灣新店直潭之後，還是靠種茶維生，世代相傳。

王天來就是王永慶的曾祖父，若干台灣研究風水的名師認爲，王永慶有今日的成就，就是受到曾祖父的庇蔭。

道理何在呢？王天來逝世於清光緒年間，當時無意之中埋葬在新店的猴湖❶，湊巧又葬在猴湖中的猴穴。根據風水師的說法，一旦親人死後葬在猴穴，「一葬六十年空」，就是說子孫會窮六十年，可是等六十年一過，王家必定會有大富大貴的子孫出現。

這種說法是在王永慶發跡之後才發表的，可能有人穿鑿附會，我們姑且聽之吧。

王天來一共有六個兒子：王清純、王秀木、王瑞吉、王添泉、王福山、王清江。其中王添泉就是王永慶的祖父。

王添泉飽讀詩書，在直潭開了一家私塾，以教書爲業，在當地頗受敬重。

王添泉先後娶了兩位妻子。元配蔡富，她在二十三歲去世，由於膝下無後，王添泉再娶蘇好，蘇好就是王永慶的祖母。蘇好曾經對王永慶說：「在我出生的時候，我母親想掐死我，我父親說先找個算命的看看再說，還好算命先

❶王天來所葬之地屬蔡玉麟所有，而王永慶的叔叔王水源入贅於蔡玉麟家。

生說我將來的命運很好，所以才活了下來。」❷

蘇好共生下三子一女：長子王東平、次子王長庚、三子王水源以及長女王辛。其中王長庚就是王永慶的父親，王水源就是介紹王永慶到嘉義米店工作的叔叔。

王長庚娶詹樣為妻，生下三男五女，分別是：長子王永慶、次子王永成、三子王永在、長女王罔市、次女王銀燕、三女王銀尾、四女王銀桂、五女王銀英。

王長庚不識字，一生從事買賣茶葉的生意。一九六一年八月八日，王長庚因腹痛送台大醫治，結果在醫院連續大聲呼痛，經過半天時間，在當天下午就不治身亡，享年七十四歲。❸王永慶每次回想起這件事，就沉痛萬分。

堅忍、刻苦、勤儉的母親詹樣

王永慶的刻苦耐勞、勤勞節儉以及堅忍不拔的毅力，完全秉承自他的母親詹樣。

詹樣懷孕生下王永慶等八個兄弟姊妹時，由於家境困苦，沒有能力請助產士來接生，全部自行處理，而且產後立即下床到廚房準備三餐，並到屋旁的河邊洗衣服，完全沒有做月子調養身體，實在匪夷所思，異於常人。

王永慶是在他八歲那一年，母親生下大妹銀燕時，才知道母親生產全靠自己，沒有助產士幫忙。他追憶母親有感而發說：「**這種徹徹底底刻苦耐勞的精神，以及凡事都不期望依靠外力協助，全憑自己設法克服解決的意志及智慧，使身為兒子的我內心深受感動，並且受到無形的鉅大影響。**」❹

詹樣的前半生，是在非常困苦的環境中度過的，然而她勤儉努力，刻苦持家。由於丈夫王長庚身子單薄，因此粗重的工作由她一肩挑起。每天除了準備三餐與洗衣服之外，還要種菜、製作茶袋與篩選茶葉，到了晚上全家就寢之後，她還要切番薯葉混合餿水煮成豬菜餵豬。

當時礙於經濟狀況，王家每天三餐的菜色不多，量也有限。詹樣必定招呼一家大小同時上桌，以免陸陸續續用餐，分量不夠。可是她自己卻還持續手頭

❷王永慶於一九八一年十一月七日，在台塑第五期課長級人員訓練班結訓時的訓勉詞。

❸王永慶，《王永慶談話集第二冊》，二〇〇一年一月十五日《台灣日報社》出版，頁一三八。

❹王永慶，《王永慶談話集第一冊》，二〇〇一年一月十五日《台灣日報社》出版，頁一六九。

上的工作，等全家都吃飽了，她才上桌吃剩飯殘羹。

王永慶說：「母親和我們兄弟姊妹共同走過數十年的人生歲月，也毫無所愧地將中國人傳統的勤儉美德，完整承傳給我們的下代。」[5]

從年輕到老，詹樣最喜愛的工作就是種菜。年輕時她種菜是爲了幫助家計，後來從中體會到樂趣；因此，即使在王永慶發跡致富之後，她仍然樂此不疲。

爲了使母親保有種菜的樂趣，王永慶特地在台塑大樓的頂樓開闢一個菜圃，約三十坪，種植小白菜、韭菜、空心菜、甘薯、九層塔等。詹樣藉著種菜陶情冶性並兼做運動，她每天透過窗戶就可以看到青翠盎然的蔬菜，對王永慶的這份細膩與孝心極爲滿意。

每當收成時，這些蔬菜就成爲王家飯桌上可口的佳餚。後來，詹樣因爲年事已高，行動較不方便，於是請人代勞，可是數十年來養成的勞動習慣，已經成爲她長壽的本錢。

詹樣於一九九五年五月去世，享年一○八歲，比她丈夫王長庚多活了三十四年。

王永慶的三位太太

王永慶前後娶了三位妻子。大太太郭月蘭、二太太廖嬌、三太太李寶珠。

大太太郭月蘭未出子嗣；二太太廖嬌生下二男三女，分別是：長子王文洋、次子王文祥、長女王貴雲、次女王雪齡、三女王雪紅；三太太李寶珠生下四女，分別是：四女王瑞華、五女王瑞瑜、六女王瑞慧、七女王瑞容。

大太太因無子嗣，長年唸經拜佛，與世無爭。二太太篤信基督教，二十幾年前即長期移居美國。目前常伴在王永慶身邊，並處理王家大小事務的，是三太太李寶珠。

自古「英雄愛美人，美人愛英雄」，王永慶在英雄難過美人關的企業家風流情結下，結識了這位柔情似水、善解人意的紅粉知己——三太太李寶珠。

三太太曾在王永慶困難之時鼓勵他，並為王永慶四處籌募資金，幫助他度過難關，重回坦途。這份恩情使得王永慶深受感動，幾經考慮之後，終於將這

---

❺王永慶，《王永慶談話集第一冊》，二〇〇一年一月十五日《台灣日報社》出版，頁一七八。

支「解語花」娶進王家之門。❻

在王永慶的事業飛黃騰達之後，他曾當著眾人的面說：「是這位賢慧的女人幫助我起家的。」❼

三太太在進入王家大門之後，爲了改變氣質，先後曾參加味全插花班、烹飪班等，學習一身好手藝。如今，王永慶宴客大都喜歡在自宅辦理，道理就在此。❽

內外皆爲賢內助的三娘

李寶珠體貼細心，侍候王永慶無微不至，從一些小動作可以看出來。舉例來說，二〇〇二年五月一日上午，王永慶在台塑運動會上致辭之後，因天氣悶熱汗水直流，只見李寶珠不時地拿毛巾替他擦汗。在王永慶爲五千公尺鳴槍起跑後走回主席台時，李寶珠趨前拉著他坐下，並蹲下來幫他綁鞋帶，鶼鰈情深流露無遺。❾

台塑的員工都暗地裡稱這位三太太爲「三娘」。據台塑的員工說，由於三娘頗具交際手腕，因此數十年來，王永慶在台塑十三樓自宅的宴客，都由她張羅處理。

三娘心思細膩，小到宴客邀請函的字眼，大到菜色的搭配都十分重視。爲了讓來過多次的賓客嘗到不同的菜色（以免吃膩），三娘會要求相關人員，把來賓的姓名與當天食用的菜色輸入電腦，等下次再邀請時，從電腦上的資料便可以知道這位賓客吃過什麼菜，用過哪一種餐，這麼一來便可以安排另一套菜色。三娘的細心，由此可見一斑。

爲了避免菜色重複，三娘與廚師們花了許多苦心研究菜單。王永慶宴客的菜色相當多樣且講究，就連平常餐廳不常見的檳榔蕊也曾出現在餐桌上。如此的細心與用心，主要就是要讓賓主皆能盡歡。另外，名聞遐邇的台塑牛小排就

❻李明堯，〈王永慶的事業與愛情〉，一九八五年四月一日出版之第四五期《美華報導》，頁四〇。

❼同❻。

❽廖德潤，〈蔡萬春的三個太太與王永慶的三個老婆〉，一九八五年五月一日出版之第三八期《財訊》，頁六八。

❾《壹週刊》財經組、調查組，〈王永慶接班人〉，二〇〇二年六月六日出版之第五四期《壹週刊》，頁一四。

是出自她的手藝。

在親友之間，三太太也發揮她高超的外交手腕，凡是親友之間的迎來送往，以及節慶的禮尚往來，都由她一手處理，並深得親友的讚許。

此外，三太太在王永慶與員工之間扮演著重要的溝通角色。她經常適時地提醒員工王永慶的好惡與心情，使員工能在恰當時機進言或請示公事，因此而減少許多王永慶與員工間不必要的磨擦。[10]

由於處理王永慶與部屬的關係得當，她除了得到員工的敬重之外，也深得王永慶的尊重與喜愛，因此許多場合都會帶著三太太出席。

三太太很少插手王永慶的公事，但是據台塑關係企業的員工說：「三娘的一句話，有時就如同王董事長講的一樣有效。」

此外，三娘管教她所生的四個女兒非常嚴格，她們先後進入台塑集團做事，三娘都會親自拜託主管要嚴加督促。

王永慶的二弟王永在，現任台塑集團企業的總經理。王永在前後娶了兩位妻子。大太太李碧鑾生下二男三女，分別是：長子王文淵、次子王文潮、長女王雪清、次女王雪敏、三女王雪洸；二太太周由美生下一男二女，分別是：三子王文堯、四女王雪惠、五女王欣蓉。

❿王永慶，《王永慶談話集第二冊》，二〇〇一年一月十五日《台灣日報社》出版，頁二六。

11 教育子女之道

王永慶在一九八一年曾經接受《天下雜誌》的訪問，談到他管教子女的方法。他的回答是這樣的：

「子女不是我教的，是有個道理，這道理是神創造的——一分耕耘，一分收穫。有耕耘才有力量，才有結果，多一分精神苦幹，就多一分力量出來。

「有錢人的子女已經有資本、有條件了，做不做得好呢？偶爾做得好的很少。就算美國又有幾家？日本的三菱、三井的創辦人後代，到現在都不再是股東了，有成就的很少。天下就是這個樣子，有錢的沒學問，有學問的沒錢，但開創者的話也有個道理，起碼他懂得怎樣奮鬥、刻苦而有了成就。他懂得這一點的話，對子女的教育，也應該知道要嚴格管教。

「在美國也有這種企業家，曉得子女不吃苦不行，叫兒子去送報紙。偏偏媽媽卻偷偷摸摸，把腳踏車放在汽車後車箱送他到報館，隨意送了幾份以後就坐汽車回來了。爸爸高高興興地說：『我的乖兒子呀！你這樣辛苦，送報紙回來了，以後一定會成功的。』他不曉得媽媽在後面作的鬼，把這些都抵銷了。

環境力量最重要

「我跟日本人接洽幾十年了，看到孩子當社長的，大部分都是花花公子，裝樣子的。一問他，他會說：『我比較專門，大政策我決定，小事情，我得叫負責的部長、課長來問。』很多這樣的情形。老實講，我看不起他。所以不是我不會教子女，環境的力量自然會塑造他。如果子女生在相當過得去的家庭，叫他去住貧民區也太不自然，他的媽媽也不會讓他去。即使去了，他心裡想：『我爸爸、媽媽要我來吃苦的』，他知道有一天他還是會有錢，依賴性還是大。子女根本教養不出來的，嚴格要求他，他心裡也不舒服。

「另方面，如果出生在貧窮的家庭，父母沒有管教，但他曉得自己出身貧窮家庭，沒有幫助，明天沒有米吃了，糟糕了，看見父母這樣辛苦，同情心自然而生，要努力把事情做得比以前更好，使父母不要煩惱會不會挨餓，來報答父母。這種心很強烈，自然就會努力，就會成功了。

「天下事，什麼都可以做得出來，唯獨子女教育，沒有辦法做。這是自然的。上帝創造人，使得有好就有壞，有興就有衰。一切就好像是一個圓，在上面，有錢了，會下來的。下到這裡來，窮人太多了，又往上跑，跑到上面又掉下來……跑到頂端的人很有限，一百個、一千個人也沒有一個。總之也要下來的，好像螞蟻一樣，在圓球上跑，跑著上去，跑著下來。」[1]

由上面的談話可知，王永慶認爲，教育子女應該要嚴格，可是沒有辦法做到，而環境的力量自然會塑造他們。因爲有錢人家的子女一切都有依靠，不需要太多的努力，也不必在競爭中求生存；可是貧苦家庭的子女便不同了，爲了求生存，即使再苦也非做不可，得到一點辛苦的代價也必定克勤克儉，他的知識多半是由辛苦工作中得來的，因此培養出堅強的力量，這就是成功的本錢。

效法母雞餵子的原則

有一次，王永慶談到母雞餵小雞的原則。

他說：「我們都知道剛生下來的小雞是很脆弱的，自己沒有辦法吃養雞人餵食的米粒。母雞會將米粒啄碎，再用口水潤滑後餵給小雞吃，照顧得無微不至。但是等到小雞漸漸長大可以自己找食物吃了，母親就要牠們自立；不但不再餵食，如果可以自立的小雞還要來搶食母雞餵給下一窩小雞的米粒時，母雞會惡狠狠地將牠趕走。」❷

從上述母雞養育小雞的例子，我們不難看出，母雞對沒有自立能力的小雞會盡力照顧；但是對已經能夠自立的小雞，絕對不溺愛，一定要求牠們自食其力，這就是母雞養育小雞的原則。

王永慶感慨地說：「很多做父母的人，對於自己的孩子，從小養到大，甚至大學畢業結婚以後，還要把財產分給他，養他一輩子。這種過度溺愛保護的結果，常常使得下一代懶惰腐化，害了他的一生。這種『愛之適足以害之』的例子我們常常聽到，比起母雞養育小雞所奉行的原則，實在應該感到慚愧。」❸

他認爲，父母養育兒女，應設法使他們吃飽穿暖，籌措學費讓他們受教

❶狄英，〈王永慶談子女的管教〉，一九八一年八月一日出版之第三期《天下雜誌》，頁二九。
❷王永慶於一九八〇年九月十七日，對明志工專新生的精神講話。
❸同❷。

育。等到成人，就必須讓他們獨立，不可再予溺愛，甚至將財產全部留給他們；否則孩子將永遠長不大，不能堅強地站起來，無法自謀生存，愛之反而害之。

當然，對於孩子適當的保護是應該的，但要注意程度，也要注意時間。譬如父母對學走路的孩子，看著孩子搖搖擺擺地走路，雖然不再扶持他，孩子可能會跌跤，但是會爬起來再走，最後終於會學會安穩地走路，進而學會跑，學會跳。

如果老是把孩子放在「螃蟹椅」上，養成孩子的依賴心，他永遠學不會跑、跳。所以，教育孩子，必先使其能吃苦耐勞，讓他接受磨練、接受打擊，幫助他獨立，以培養成堅強的獨立精神和奮鬥力量。這也才是父母愛護子女之眞諦所在。

台灣有句俗話說：「爛土糊不上牆壁。」這句話意思是說，沒有用心搗過的泥土，因爲裡面含空氣太多，無法黏於牆壁上；就像人不經過磨練與打擊，也絕對無法產生力量。

談到磨練，使我們想起以前傳授技藝的老師傅。

老師傅教徒弟極爲嚴格，打罵是家常便飯，除了供膳宿之外，幾乎沒工資可拿，不能吃苦耐勞就學不到技術。此外，老師傅還規定習藝的時間爲三年四個月。學一門技術似乎不用那麼長的時間，可是除了技術外，忍耐力的磨練與心智的成熟，這些要件加起來，三年四個月就不算太長了。

如此磨練出來的徒弟，技藝才會圓熟老到，做事絕不毛躁馬虎，那眞正是熟而爲巧匠。

美國人的教子之道

一般人都認爲美國是一個自由富裕的國家，年輕人只知享樂而不知吃苦。其實，一般美國家庭都很重視孩子的教育，即使富裕的家庭也不例外。

王永慶指出，美國的年輕人有很多去當送報生。他們的報紙一天份就有七、八張，像一本雜誌那樣厚。送報要早起，風雨不斷，負責的份數必定要送完。美國的父母爲了讓孩子養成良好的生活習慣，都鼓勵孩子去送報。雖然收入微薄，但可以養成孩子早起、不怕風吹雨打、勤勉耐勞等好習慣；而且讓孩子知道賺錢不容易，自然不會奢侈浪費。

在美國休士頓大學教了二十多年書的一位黃教授是王永慶的好朋友。有一天，他對王永慶說，他雖然是大學教授，但也當小工割草賺錢。王永慶認爲不可思議，黃教授說確有其事。

原來黃教授有三個小孩，大兒子當年已十二歲，爲了讓他養成勞動的習慣，暑假找了一個園丁的工作，替人割草整理庭院。因爲十二歲的小孩不能開車，所以黃教授每天早晨開車送他去上工，中午由主人供應簡單的午餐，下午五點鐘再去接他回來。有一兩次，黃教授照常去接他的孩子，而他的孩子工作尚未完成；有一部分的工作，如果當天完成，第二天可以不去上工。黃教授覺得在那裡乾等也是浪費時間，爲了給孩子一個深刻的印象，他脫下西裝，參與割草的工作。這樣的舉動，不是爲了幫孩子賺錢，也不是爲了讓孩子早點完工，純粹爲了讓孩子了解勞動的神聖，他自己也從中得到勞動的快樂。

王永慶聽了黃教授的一席話後，非常的感動。他說：「我相信黃教授要他的孩子利用暑假去當園丁做小工，絕不是爲了區區十元的工錢，而是希望他的孩子趁此機會來磨練一下自己，體會一下工作的辛苦，和苦後的樂趣。」[4]

讓孩子走出溫室

王永慶對子女的教導非常認眞。有一次，孩子拿書本上的問題跑來問他，他爲了那些問題頭痛了好幾天。他說：「我的孩子因爲書本上的幾句注釋，看得半懂不懂，跑來問我。我花了三天的時間想這件事，從社會上的事實、從家庭的目的……等說了一大圈，他後來說，原來是這個意思。」❺

由此可知，他雖然是個大忙人，對孩子的教導也是一絲不苟的。

王永慶教育子女非常嚴格，從小就培養他們刻苦耐勞的習慣，訓練他們過節儉樸實的生活，並養成他們獨立自主的人格。

他擔心子女在台灣他這棵大樹庇蔭之下，成爲溫室的花朵，所以每一個小孩在小學或國中畢業之後，就被送到英國或美國繼續求學，一直到大學或研究所畢業才回國。

---

❹王永慶於一九七一年八月二十八日，在台塑第二期新進幹部職前訓練結訓時的訓勉詞。

❺劉朗，〈塑膠大王王永慶的頭痛時間〉，一九八三年四月十七日《經濟日報》第十一版。

就拿他的長子王文洋來說，王文洋在十三歲那年，就被送到英國倫敦留學。

據王文洋回憶說，剛入學的時候，由於語言的隔閡，再加上他是全校唯一的華人學生，所以經常被班上的同學欺侮。有一次被打得遍體鱗傷，躺在學校的宿舍，想到父親遠在幾千里之外，也不可能來保護他，便悟出「置之死地而後生」的道理。因此便開始去學中國功夫，展開反擊，結果反敗為勝，成為同學眼中的小英雄❻。

從那次經驗以後，王文洋逐漸能夠體會父親教育子女的一片苦心，因為在溫室中成長的花朵，是經不起風吹雨打的❼。

王文洋又說，在英國留學的十二年當中，父親雖然事業繁忙，可是經常寫信給他，不斷地勉勵他並教導他做人做事的道理。因此，在那段漫長的時間裡，父親的來信是他主要的精神支柱。

王文洋在英國唸的是公立學校，而英國的公立學校管理比較嚴格，即使是中學也採取軍事化管理。同學之間講求服從與尊重，低年級的學生有時要為高年級的學長洗襯衫和擦皮鞋。這是磨練耐性與培養合群的優良訓練方式。

在王文洋取得企管碩士與化工博士兩項學位後，他在美國找了一份工作，自立更生。當時，王文洋只買一部八百美元的中古車，做爲代步的工具。由此可見王永慶訓練子女克勤克儉的情形。

身教最有效

王永慶「罵人」是很有名的，如果兒女被他發現有揮霍無度或是懶惰鬆懈的現象時，他會毫不留情面地斥責一番。因此，兒女都相當敬畏他，舉止端正，不敢亂來。

他雖然教子嚴厲，但是兒女對他都口服心服，因爲王永慶本身的言行就是兒女最好的榜樣。

王文洋說：「**父親『點點滴滴求合理』的精神，確實是子女最有效的身教**。眼見年近七十歲的父親，每日爲經營事業努力不懈，身爲子女自然不忍心

❻王鉦，〈精神的支柱〉，一九八五年八月十六日《經濟日報》第十二版。
❼同❻。

偷懶，而兢兢業業地做事。」❽

王永慶曾經奉勸有錢的企業家，把對自己子女的小愛發揚爲對所有下一代的大愛，那才是眞正疼愛子女的方法。

他說：「有錢人家不要以爲自己生活安定，就可以自滿。以爲只要自己的事業受到保護、可以賺錢就足夠了，從不想想唯有發展工業才是富國強國的正途。一心一意爲自己，爲能留給子女更多的錢，使他們將來免於貧苦。要知道，溫室工業是談不到有堅固的基本條件的，基礎不穩固，工業就落伍。溫室工業受不了競爭的波浪，錢很快就會賠光花光，到時貧窮困苦總是難免。一旦面臨貧窮，一向養尊處優的子女就要受到前所未有的痛苦。所以，只爲自己的子女打算不是根本之計，要爲所有的下一代打算。唯有良好的工業基礎才能使工業發展起來，才是正確的途徑，才是生活富裕的保障，才是眞正疼愛子女的方法。」❾

❽王鈺，〈精神的支柱〉，一九八五年八月十六日《經濟日報》第十二版。那一年王永慶六十九歲。

❾王永慶一九七二年十一月一日，在明志工專對該校學生的演講。

12 王永慶的接班人

王永慶在一九七五年七月，因肺病赴美接受手術治療，消息傳出之後，股票市場接連暴跌，許多人懷疑他是否能夠永保那過人的精力。

甚至有人在問，如果不幸有一天王永慶倒下來的話，他的塑膠王國是否因之而瓦解；因此，外界對於台塑王國的接班問題格外關切。

他本人對接班問題似乎胸有成竹，而顯得毫不在乎。或許他相信他有能力活得與他一百零八歲的母親一樣的健壯與長壽；或許他認爲建立良好的管理制度，遠比培養接班人來得重要。可是，這已不只是他個人的事情，而是與投資大眾息息相關的問題。

兒子，還是得從基層做起

王永慶今年已經八十八歲，到底誰是他的接班人？他會不會像一般的企業家，把事業交給自己的兒子呢？我們先來聽聽二十幾年來他對接班問題的談話。

一九七二年，王永慶說：「有朋友對我說：『你的兒子❶已經畢業，可以幫你的忙了。』老實說，兒子是我的，和別人對待兒子一樣，疼愛他，也希望他能夠幫助我。但經過考慮，他在學校讀書，可能滿腹學問，可是這些學問還沒有經過驗證，他對一些基層事務也完全沒有經驗；書本上的道理，有時必須本身去實踐、去經歷一番，才能夠驗證。一旦我的兒子進入公司，他首先要由基層工作學起。做事情要眞正得到經驗，一定要流汗吃苦，任勞任怨，絕不只是在基層觀察一番，幾個月就能有心得、有成就。我不會因爲他是我的兒子，處處給他另眼看待。個人的成就雖然要靠自己的志氣，但是環境也很重要，人總是好逸惡勞，如此一來，他吃苦的機會大減，不能得到磨練，自然無從獲得經驗。

「基層工作的經驗沒有學到，升到中層工作也一樣不能學到。有一天他當

❶這裡可能指他的長子王文洋。

了主管，不知道部屬的工作內容，如何能夠了解他們，幫助他們，領導他們？不了解部屬的工作，就不能指導、追蹤、評價。談不上由他們的工作品質判定部屬的能力，又怎能做到適才適所，賞罰公平？部屬又怎能眞正地服從他、擁戴他？如此一來，後果不堪設想，不僅毀了他個人，也害了公司，害了其他同仁。**做一個經營者，要追求做事的效率。父子天性，愛是一回事，企業經營是另一回事，不能公私不分，混為一談的。**」❷

一九七三年，王永慶說：「有些企業家只看見表面上公司賺到錢，而忽視每個員工貢獻他們累積的寶貴經驗。不顧多數員工的辛勞，起用剛由學校畢業的少爺當經理或總經理，這種事我們常有所耳聞。父子天性之愛是一回事，企業的經營是追求工作合理化，追求高效率，每一點、每個角落都要有適當的人選，也就是適才適所。

「如果是剛畢業，沒有基層工作經驗，就給他擔當大任，不知他要如何指導監督，根據什麼去知人善用？部屬何能信服、樂意貢獻？這種實際情形，充分表示企業家還在懵懂階段，還在摸索階段，輕視管理，想都還沒有想到，怎能寄望他們開始去做，去追趕努力呢！提拔兒子，抹殺人才，公司前途完蛋，

最後寶貝兒子也被誤了。」❸

兒子是兒子，接班是接班

一九七七年，王永慶應邀到輔仁大學演講。輔大學生問他是否讓兒子或孫子繼承其職位時，他回答說：「我目前無法作答，因爲那要看我的兒子或我的孫子能磨練到什麼程度，足不足以擔當重任而定。」

一九七九年，王永慶應邀到台大商學研究所演講。研究所的研究生問到是否已經在培養接棒人，他回答：「關於接棒人的問題，我公司裡面不是沒有人才，但也許是我要求太嚴，我始終覺得他們還有待訓練。我將來的接棒人，可能不只一人，而是由十個人左右所組成，當然裡面必須有一個領袖。」

一九八〇年，一位國外的記者問王永慶，是否由他弟弟王永在或他兩個兒子來繼承他的位置。他說：「他們將來做什麼，由他們自己和上帝去決定。」

---

❷王永慶於一九七二年十二月七日，在中央委員會社會工作會的演講。
❸王永慶於一九七三年二月九日，在財政部稽核組的演講。

❹

一九八一年，王永慶接受《天下雜誌》的訪問，談到接棒的問題。他表示：「接棒的問題，如果我霸道，不分青紅皂白地把棒子交給兒子，我是罪人。目前我盡量經營，經營得好，公司絕不是我一個人能幹，一定有可以接棒的人。換句話說，如果公司經營得不好，接棒的人就差。很簡單，哪有公司沒有接棒的人呢？

「我現在主持台塑，假如讓我兒子接棒，是我錯誤；假如沒有讓我的兒子做接棒人的話，我就沒有錯。道理很簡單，我把棒子交給兒子，考慮的是私，不是公，是我的錯。我今天沒有讓我的兒子當接棒人的話，我考慮公，沒有考慮私。

「公司有這麼多人才，你的兒子最能幹！誰相信？我沒有讓我的兒子接，自然會由公司裡能幹的人接棒。這是一個股份有限公司，是社會的，對不對？我無論如何主張，一個人要有正確的觀念，要建立合理的制度，制度就是條理、根源，由始到終也是一個條理。」❺

《天下雜誌》又問到將來台塑可能由一個人或一群人接棒時，王永慶回答說：「這是很自然的，台塑有今天不是我一個人做到的，一定有第二、第三、第四……。既然台塑有幾萬個人，一定有組織，如果我走了，接棒的人馬上會出現，這是一定的道理。」❻

一九八三年，王永慶應美國華僑之邀，到美國哥倫比亞大學演講。有人問王永慶，台塑企業是否已經有適任的接棒人選，下面是王永慶的回答。

他說：「選擇接棒人，實際上是一件很重要而又困難的事情，但是話說回來，道理卻又很簡單。一般來說，**如果企業管理合理化，事事明朗，就能訓練出可用的人才；在這些人才當中，自然可以選出適任的接棒人**，否則的話，就不只是有無接棒人的問題，甚至連人才都缺乏。

「更重要的是，企業的管理制度能不能造成員工的切身感；有了這個良好的制度，人人就會努力奮鬥，培養出眞正的力量，這個時候才會有突出的接棒人選。因此，**對我來說，最應該關切的還不是目前有無接棒人選，而是有無能**

---

❹黃友彬，〈王永慶後繼無人〉，一九八〇年四月五日出版之第七〇期《管理雜誌》，頁二二。
❺狄英，〈王永慶談台塑的接班人〉，一九八一年八月一日出版之第三期《天下雜誌》，頁二九。
❻同❺。

夠造成切身感的良好管理制度。」❼

一九九一年十月十一日，王永慶在公開記者會裡，有人問到第二代接棒的問題，他答道：「第二代接棒問題，我沒有想過，也還沒有安排。」❽

一九九五年七月，王永慶接受《天下雜誌》的訪問，該雜誌副總編輯吳迎春問到接班的問題，王永慶答道：「這沒有辦法，很難。台塑也好，其他也一樣。」

吳迎春接著問道：「你是說還沒決定嗎？」

王永慶答道：「有問題，也是問題，我講話很坦白。」

二〇〇二年六月，《壹週刊》記者訪問王永慶時，問起王文洋的事，他淡淡地說：「企業要靠專業經理人打拚，現在台塑已由『五人小組』集體領導。」❾

二〇〇三年十二月二十四日，王永慶接受《商業周刊》的專訪，當問題觸及王文洋時，他臉色頓時僵硬道：「問那個王文洋，哪有什麼用？這不能問，問這個沒有用，沒意義啦！」

未決的難題

從上述王永慶數段談話裡，我們可以知道他對接班問題的看法是這樣子的：

一、一九七二年時，他希望兒子能接班，可是他兒子剛畢業，毫無實務經驗，必須從基層做起，一步一步往上爬。

二、一九七三年時，看法與一九七二年相近，他認爲起用學校剛畢業的兒子當經理或總經理，能力不足以服眾，那將抹殺公司內部的人才。公司前途堪慮，寶貝兒子也會被擔誤了。

三、一九七七年時，他表示兒子能否接班，要看兒子能磨練到什麼程度，是否有能力擔當重任而定。換句話說，兒子如果有足夠的能力就可以接班。

❼王永慶於一九八三年十月二十九日，在美國哥倫比亞大學對華僑的演講。

❽一九九一年十月十二日《中國時報》第六版。

❾《壹週刊》財經組、調查組，〈王永慶接班人〉，二〇〇二年六月六日出版之第五四期《壹週刊》，頁一一一。

四、一九七九年時，他覺得公司內部還沒有人有接班的能力，都還有待訓練。還有，未來的接班人將由十人所組成，是一種集體領導的方式。

五、一九八〇年時，對於弟弟或兒子是否接班的問題，王永慶不做正面答覆，他把問題丟給弟弟、兒子與上帝去做決定。

六、一九八一年時，他表示如果他走了，接班的人馬上會出現，而且接班的人不會是他兒子，因爲他考慮的是公而不是私。他甚至表明，如果他霸道、不分青紅皀白地把棒子交給兒子，他就是罪人。

七、一九八三年時，他用四兩撥千金的方式，把接班的問題不著痕跡輕輕地帶開了。這表示他不願正面答覆這個問題。

八、一九九一年時，他直截了當地表示，有關第二代接棒的問題，他既沒想過，也還沒有安排。

九、一九九五年，他表示接班的事情很難，有問題。

十、二〇〇二年時，他表示台塑已經由「五人小組」集體領導。

十一、二〇〇三年時，他表示問這個問題沒有意義，不能問。

會是王文洋嗎？

雖然王永慶曾經在一九八一年公開表示接班人不會是他的兒子，可是外界一直認爲他的長子王文洋（曾任南亞塑膠協理）很可能就是接班人。不過，在一九九五年發生「呂安妮事件」之後，原本極可能升任南亞副總經理的王文洋，非但沒升成，反而因該事件於當年十一月離職，於是接班形成撲朔迷離的態勢。

王文洋離開南亞之後，於一九九六年創立宏仁集團，旗下有四家塑膠公司、四家電子公司與一家半導體晶圓代工廠（與江澤民兒子江綿恆合資），幹得有聲有色，目前宏仁集團每年營業額約新台幣三三〇億元，並計畫在香港掛牌上櫃。

王文洋本人似乎對接班的意願很低。《天下雜誌》資深編輯吳琬瑜曾在王文洋離開南亞四年之後（當時已創立宏仁）問他：「以前外界認爲你是王永慶的長子，可能是台塑接班人，現在你出來，你覺得別人對你不一樣嗎？」

王文洋這樣回答：「我從來不曾認爲我可能是台塑接班人，我一直只做我負責部門的工作，當課長的時候，做課長的事；做南亞第四事業部經理的時候，做經理的事；當協理時，也只做協理的事。外界的想法是錯誤的，我沒有這樣想。」⑩

《中國時報》記者李尚華在二〇〇〇年十月也曾經問王文洋：「如果王永慶董事長答應你重回台塑集團，你願意回去嗎？」

王文洋哈哈大笑回答：「我絕對不可能再重回台塑集團。台塑企業的制度已經太僵化了，完全沒有彈性。想到以前在台塑企業的生活，我就怕，做對也罵，做錯也罵。我現在自力更生草創宏仁集團，一切都上軌道了，我爲什麼還要再回台塑集團。」⑪

《商業周刊》記者林孟儀於二〇〇四年十月也曾問王文洋：「你不會想回台塑企業？」

王文洋答道：「絕對不會、絕對不會！甚至我可以講就是他們叫我回去，我也不要！」⑫

王文洋的話雖然說得斬釘截鐵，然而事情似乎並非完全沒有迴旋的空間。

比較王文洋在大陸的宏仁集團與王永慶在台灣的南亞集團，從塑膠、銅箔基板、電子材料到晶圓代工，樣樣都是市場上互相競爭的產品，然而如果從競合（指既競爭又合作）的角色去思考，爲了創造彼此雙贏的有利條件，未來王文洋在大陸創業有成，並與父親王永慶的關係改善的兩個有利前提之下，也有可能重回南亞接班，整合兩岸的宏仁與南亞，成爲一個更堅強的企業體。

另外，一些王永慶的友人也都認爲，再怎麼說，王文洋是他的長子，而且王文洋以前在南亞的表現突出，領導能力不錯，很多南亞的老臣很服他，因此隨時都有可能回台塑集團接班。

⑩吳琬瑜，〈王子復興三年不晚〉，一九九九年十一月一日出版之第二二二期《天下雜誌》，頁八三。

⑪二〇〇〇年十月二十二日《中國時報》，李尚華專訪王文洋。

⑫林孟儀，〈與父親王永慶的恩與怨〉，二〇〇四年十月二十五日出版之第八八三期《商業周刊》，頁一一四。

集體領導模式

台塑集團主要包括台塑公司、南亞塑膠、台化公司、台塑石化、美國台塑等。目前王永慶在長子王文洋出走的情況下，採取王家第二代與專業經理人集體領導的模式，其實是滿自然的。

二〇〇二年時，王永慶公開宣布台塑集團由李志村、吳欽仁、王文淵、王文潮、楊兆麟等組成「五人小組」集體領導。二〇〇三年時，王永慶又宣布「五人小組」加入王瑞華，成爲「六人決策小組」。

目前，台塑公司由資深專業經理人李志村（擔任總經理）負責；南亞塑膠由資深專業經理人吳欽仁（擔任總經理）負責；台化公司由王永在的長子王文淵（擔任總經理）負責；台塑石化由王永在的次子王文潮（擔任總經理）負責；美國台塑則由王永慶的女兒王瑞華與次子王文祥共同負責。至於台塑集團總管理處則由資深專業經理人楊兆麟（擔任副總經理）與王永慶的女兒王瑞瑜（擔任協理）負責。

其實，比較令人關心的，並不是由誰來接班的問題，而是有沒有人能取代王永慶精神領袖的地位，有沒有人能繼承他的刻苦耐勞、追根究柢，他的嚴以律己也嚴以律人，他的驚人意志力與強烈的企圖心?!

▲ 台塑大樓是王永慶運籌帷幄之處　（陳輝明攝）

第五篇

金錢・責任・人生目標

13

胸懷社會責任

經營無私，贏得敬重

根據第二〇〇期《天下雜誌》的調查結果顯示，王永慶名列影響台灣四百年來最重要的兩百位人士中的第一名，不但超越眾多的企業領袖，也同時超越政治領袖與宗教領袖。

此外，根據二〇〇四年九月出版的《30雜誌》所做的調查，王永慶是年輕世代（包括二十歲、三十歲與四十歲等三個世代）最尊敬的創業英雄。

大家尊敬王永慶，不是因爲他有錢❶，而是因爲他的經營長才與正派經營，及對台灣社會強烈的責任感與關懷心。說得更白一點，因爲他對投資台塑關係企業的民眾有強烈的責任感與關懷心，所以才會贏得大家對他的敬重。

對股票上市公司而言，一家公司長期股價的走勢，是公司經營績效的最佳試金石。根據《財訊月刊》的分析，從一九九四年至二〇〇三年的十年間，長期投資台塑三寶（即台塑、南亞、台化）的投資人，不但沒有人賠錢，而且每年平均配給兩元左右的股利。❷

只要對台灣股市稍有認識的人都會同意，十年來不論景氣好壞年年發放兩元股利給投資大眾，是一項非常了不起的經營成果。

此外，多年來在電子業盛行的員工分紅配股制度，使公司股本不斷地膨脹，利潤不斷地稀釋，吃虧的是廣大的投資大眾。針對這一點，王永慶始終堅定地拒絕員工分紅配股，使眾多小股東的利益獲得保障。

---

❶根據台灣《蘋果日報》二〇〇四年的報導，以二〇〇三年上市公司最後收盤價，乘以個人持股數及交叉持股比率，計算出台灣上市公司前十大負責人的財富，王永慶以一一八三億台幣奪冠，成為台灣首富。其他依次是鴻海郭台銘（七七六億）、國泰蔡宏圖（七三六億）、富邦蔡明忠（五六九億）、廣達林百里（四八八億）、亞東徐旭東（四二一億）、奇美許文龍（三五八億）、裕隆嚴凱泰（三五三億）、大同林挺生（二四九億）、長榮張榮發（二一一億）。

❷台塑每年配發的股利在一點四至二點四元之間，平均是一點八五元；南亞也在一點四至二點四元之間，平均是二點零五元；台化則在零點六至三點二元之間，平均一點四五元。

還有，他多年來從未支薪與領取董監酬勞，相較於若干上市電子公司老闆每年領取高額的薪水與紅利，更令投資他的大眾窩心與敬佩。

對投資大衆有責任

白手起家成功的人常說：「賺第一個十萬最難。」因爲那是從零到十萬，所以特別難。

就金錢的實際效用來說，十萬與百萬，百萬與千萬，千萬與億萬，差別似乎很大；可是一億與十億其差別就小多了；十億與百億其差別更小。

王永慶曾說：「假如有一天錢賺得夠多了，你就會感覺到錢實在沒有什麼用的。」❸

一般人在賺到錢之後，幾乎很少例外，都把錢花在購買別墅、汽車、寶石、服飾等物質生活享受方面，而忽略了精神生活的提升。其實物質生活的追求永無止境，一味追求物質享受，而忽略生活素質提升，到頭來所得到的不是滿足與快樂，而是空虛與徬徨。

王永慶說：「有錢是一回事，問題是怎麼賺來的。如果在合理公平的競爭條件之下，憑智慧、勤勞賺來的錢，就比較懂得如何有效運用這些錢，除了物質的生活水準之外，你的生活素質也跟著會提高，這樣才有意義。」❹

在一九七二年時，有朋友問王永慶說：「以你現在的財富，生活不愁，何必還那麼辛苦工作呢？」

王永慶表示，他的事業雖是個人創造的，可是和社會的關係很密切。即使先進國家的經營者，企業有了基礎，也是一再擴展，沒有聽說趕快安排自己享受的。❺

到一九八一年，又有人問他爲什麼要拚命地工作。

他回答說：「這是一個社會責任的問題，我要負責任。如果企業沒有經營得上軌道，萬一我今天在外面被車子一碰，或兩架飛機一撞，死掉了，我死是沒有關係，害了好多投資大眾怎麼辦呢？人家辛辛苦苦把積下來的血本交給你，你一走掉，搞得不三不四，社會就混亂了。爲了道義與責任，我不能不努

---

❸王永慶於一九八一年十月十八日，在明志工專中區校友會中的談話。

❹同❸。

❺王永慶於一九七二年十二月七日，在中央委員會社會工作會的講詞。

力工作。」❻

不以追求財富爲人生目標

談到死亡，大家都很害怕。其實，只有了解死亡，才能認識人生的根本。了解死亡，你才會深知生命的可貴，才會珍惜所擁有的親情、愛情、友情。如果生命的意義不從死亡談起，人生的方向就無法確立下來。

人的生命是有限的，人生百歲終須一死，任何人都逃避不了死亡這一關。而且，上蒼只給我們生命，沒給我們財富。生與死的時候，都是兩手空空，那眞是「生不帶來，死不帶去」。

王永慶已深悟上述生與死的道理。

他說：「一個人永遠不能回憶自己出生時的情形，一個人也永遠想不到自己何時死亡。所以我們在活著的時候，要時時提醒自己，這樣我們就可以放開胸懷，趁活的時候，多做一點對社會大眾有意義的事。等到我們死了以後，會有活的人想念我們、讚許我們，才算對人生一場有了交代，沒有辜負此生此世。」❼

論及個人與社會的關係，大家都知道，個人無法脫離社會而獨處，而且，個人的成功也是社會提供有利的環境促成的。

所以，王永慶認為，做人應該強者扶助弱者，有能力的幫助沒能力的；對自己的父母固然應該孝順，進一步也要將這種敬老的心情推及其他沒有依靠的窮苦老人。這種「老吾老以及人之老，幼吾幼以及人之幼」的精神，就是我們傳統幾千年的儒家中心思想。同時，這種中心思想也是締造和諧社會的原動力。

從上述王永慶懇切的談話，我們可以清晰地看出，在他成功之後，人生目標已經不在追求財富，財富對他已經沒什麼意義了。他本著「老吾老以及人之老，幼吾幼以及人之幼」的精神，以肩負社會責任的態度，拚命地追求效率以回報整個社會，希望能提高國民生活素質，創造一個樸實、互助而又和諧的社會。

❻狄英，〈王永慶談經營管理應合理〉，一九八一年八月一日出版之第三期《天下雜誌》，頁二八至二九。

❼王永慶於一九六六年六月，對台塑經營研究委員會的談話。

基於上述的生活態度與人生目標，他創辦明志工專、長庚護專、長庚大學，設立長庚紀念醫院，並把台塑的管理制度與經營秘訣傳授給中小企業。

14 創辦學校與醫院

創辦明志工專

一九六三年，王永慶斥資新台幣一億五千萬元創辦私立明志工業專科學校。

他在台北縣泰山鄉環境幽雅的貴子村山麓，買下四十五公頃的土地，開始建校的工作。一九六四年秋季，在教育部核准之下，明志工專正式招生。

該校在教學環境的規劃方面，採取多項獨特的措施。例如，大量興建教師與學生宿舍，讓師生全體住校，朝夕相處，以生活教育的方式，充分發揮言教與身教並重的教育功能。

還有，藉著與台塑關係企業的建教合作，充分提供工讀機會。讓學生利用寒、暑假到工廠工讀，使學生在接受教育期間，能夠學、用相長；以工讀所獲得的工資，支付學費與生活所需，培養學生獨立自主的人格，並藉實務經驗累積就業競爭潛力。

王永慶說：「我們希望這種辛苦的學習生活，能有助於學生精神力量的培養。尤其當時台灣的國民所得偏低，透過這種教育方式，我們協助了許多家境清寒、無力繼續升學的青年，順利完成了工業專科教育。」❽

明志工專為了培育有用的高級工業人才，非常重視實務教學，除了安排教師到台塑相關企業駐廠研習以獲取實務經驗之外，部分實務課程由台塑提供授課協助。這種學校與企業建教合作，教師與企業幹部彼此交流的作法，才能逐步達成王永慶強調的「實務驗證理論，理論支持實務」的理想境界。

四十多年來，明志工專的畢業生在該校校訓「勤勞樸實」的薰陶之下，一般都能腳踏實地地努力工作，因而深受國內企業界的好評。

王永慶說：「明志工專畢業學生參加台塑企業對外招募大專人員的考試，和其他優良大學如成大、台大、清大等大學畢業生競爭，結果不但毫無遜色，錄取比率甚至超過其他這些大學。」❾

明志工專設有機械工程、電機工程、化學工程、管理、設計、營建工程等六個科系，並於一九九九年七月改制爲明志技術學院，又於二〇〇四年奉准改名爲明志科技大學。

王永慶又在一九八七年創辦長庚醫學院（之後改爲長庚醫學與工程學院，一九九七年改制爲長庚大學），一九八八年創辦長庚護理專科學校（二〇〇二年已改制爲長庚技術學院）。

爲了幫助原住民學生自立自強，長庚護專與明志工專從一九九五年起，每年都大量招收原住民學生，學雜費全部由王永慶支付。他希望藉此讓原住民有機會接受教育，習得一技之長，獲得與平地人相同的發展機會，掙脫窮困。

此外，爲了照顧中國大陸失學的小孩，王永慶計畫拿出二十億人民幣（與大陸方面採相對基金方式），在大陸的窮鄉僻壤蓋一萬所小學。截至二〇〇四年爲止，已經蓋好了幾百所小學。

❽王永慶於一九八三年十月二十六日，在美國賓州費城華頓學院的講詞。
❾王永慶，《王永慶談話集第二冊》，二〇〇一年一月十五日《台灣日報社》出版，頁一一。

從搖籃照顧到墳墓

一九七六年，王永慶有鑑於台灣醫療資源匱乏，許多病患無法獲得良好的照顧，並爲了紀念早年生病缺乏良好醫療照顧的父親王長庚，特別捐出二十億台幣，以「長庚」爲名，設立不以營利爲目的的財團法人長庚紀念醫院。

長庚醫院設立之初，門診容量爲四千七百人次，共有一千八百張病床，醫院僅在台北市一地；二十七年後，每天的門診已經高達兩萬八千人次，病床已擴充到七千六百多張，醫院遍布台北、基隆、林口、桃園、雲林、嘉義、高雄等地，已經成爲台灣民眾心目中就醫診療的第一選擇❿。

長庚醫院對台灣社會的貢獻在於，取消醫院保證金制度，禁止醫生收紅包、作業電腦化、採用電話掛號等等，使一般送不起紅包的小老百姓，都能安心地走進醫院就醫。

一九七九年，王永慶爲了提高長庚醫院的績效，全面實施成本中心制度。使醫院各科都能獨立計算損益，分別顯示該科的經營績效，促使各科醫師在致力提供良好醫療服務的同時，也能兼顧各項成本合理化，杜絕各種有形無形的浪費。

實施成本的制度化與合理化之後，經營成本銳減，遠低於公立醫院。舉例來說，長庚的藥價只占總醫療成本的百分之十六，大約是一般公立醫院的一半左右。

另外，最有名的是長庚的洗腎費用。在一九七〇年代，洗一次腎要花六三〇〇元，平均一星期三次的話，每月需要七萬五千六百元，這對病患是相當沉重的負擔。於是，長庚設法把每天一班制的洗腎改為三班制。在增加洗腎設備的利用率之後，不久，每次六三〇〇元的費用就降低至四二〇〇元。

由於長庚醫院大幅降低成本，因此減輕了病患的負擔。王永慶說：「一般醫院勞保住院病人，從入院到出院，勞保局平均每人必須支付五萬元的醫療費；但是長庚醫院平均每個勞保住院病人，勞保局只要負擔三萬餘元，而且絕對沒有因為是勞保病人而馬虎治療的，所以勞保局相當滿意。」⓫

---

❿二〇〇三年七月號《遠見》雜誌公布的調查結果。

⓫王永慶於一九八一年十月十八日，在明志工專中區校友會中的談話。

對王永慶而言，長庚醫院只是他整合型保健醫療照護中的一環而已。王永慶心中的醫療王國是從預防保健（長庚生技）、急性醫療（長庚醫院、兒童醫院），一直到慢性醫療（慢性醫院、護理之家）、養生照護（養生文化村）。

全世界目前還沒有這樣一個保健醫療照護的完整體系，大都是保健歸保健，醫院歸醫院，安養歸安養。王永慶從急性醫院（即長庚醫院）著手，向上延伸至預防保健，向下發展慢性醫院、中醫醫院，進而到老人安養社區，從上到下進行全人的保健醫療照護。換言之，這也是提供台灣的人民一個從搖籃到墳墓（從嬰兒出生至老人安養）的照顧。

管理制度傳授給中小企業

爲了支持政府改善台灣中小企業的經營管理，以全面提升台灣的工業水準，並強化企業體質，王永慶指示台塑總管理處舉辦「企管研討班」，邀請台塑與南亞的下游中小企業負責人及主管人員參加，以研討溝通的方式，傳授台塑的管理制度。

王永慶有意協助中小企業提升管理水準的想法，大約在一九八四年即可看出端倪。

一九八三年八月間，原任南亞塑膠公司協理的伍朝煌，離開台塑創立台育企管顧問公司，以他在台塑二十一年學到的企管知識與經驗，爲企業界做診斷顧問的服務。

伍朝煌開業一年之後，成就驚人，年營業額突破新台幣一億元。有人以這件事詢問王永慶的感想，他答道：「他能從台塑學到企業管理的知識，在外面發揮，我很高興，這是一件求之不得的事。」⓬

從王永慶的答話可知，對於伍朝煌把台塑的管理經驗傳授給企業界，他是樂觀其成的。

王永慶指出，三十年來，由於國內工商界的勤奮努力，創造了台灣的經濟繁榮；但是在經營理念與管理方法方面，由於過去賺錢太過容易而未加注意與重視。如今，企業界普遍面臨激烈的競爭，而且過去的中小企業也逐漸成長爲較大型的企業，如果無法做好管理工作，將使企業的成長陷入瓶頸，甚至遭遇

⓬孔誠志，〈王永慶樂見台育經營成功〉，一九八四年八月五日出版之第三三六期《時報周刊》，頁一一七。

被淘汰的命運。因此，台塑公司決定出錢出力，把本身的管理制度與管理經驗，傾囊授予下游工廠。

在一九八五年的五月至九月間，台塑的「企管研討班」共舉辦了十一個梯次，一共有一四五〇位中小企業負責人與高級主管參加。

這項研討會授課的重點在實務管理，並區分爲生產管理、資材管理、營業管理、財務管理等四個班別，任何班別都要經過十六個小時密集式的專業課程訓練。

王永慶首先將台塑在生產、資材、營業、財務等方面的制度傳授給他們；再進一步利用電腦作業，將這些管理與會計制度連線；最後教導他們如何從這些建立起來的管理制度中發現異常，並改善異常。

王永慶說：「購買電腦很簡單，使用電腦也不難，但是如何發揮電腦功能，利用電腦做好本身所需要的管理，則是一件重要的工作。」⑬

已經參加過研討會的一千多家中小企業，一致認爲獲益良多，並認爲對提升管理水平，有莫大的幫助。

⑬一九八五年七月十日《經濟日報》第三版。

▲ 林口養生文化村的完成，實現了王永慶的三大夢想之一（陳輝明攝）

第六篇

三個夢想，挑戰未來

15 王永慶的三大夢想

王永慶出生於一九一七年一月十八日，到了二〇〇五年一月十八日，剛好滿八十八歲。他歷經日治時代、國民黨政府、民進黨政府，目睹台灣從專制威權走到民主開放，一手創立了年營業額達兆元台幣的台塑石化王國，與每日門診達兩萬八千人次的長庚醫院，從不談退休，每天孜孜矻矻籌劃新事業。王永慶還有什麼夢想尚未實現呢？

興建養生文化村

有鑑於每個老人在其豐富的人生過程中所累積的有用經驗與專長，可以再貢獻給社會大眾，及為了實現「老吾老以及人之老」的理想，王永慶於是籌劃興建養生文化村，希望能創造出一個讓老年人過得多采多姿、健康而又有尊嚴的生活環境。

王永慶的養生文化村表面上看起來，似乎很像一般的安養院，但是深入了解，就會發現有很大的不同。

首先，一般的安養院都是千篇一律被動地接受養護服務。常有人譏笑說，進了安養院，立刻變成「等吃、等睡、等死」的三等人；而且因爲每天沒有生活目標，枯燥、無聊，顯得死氣沉沉。

養生文化村剛好相反，非但不是被動地接受養護，反而要積極地去經營自己退休後的生活。住進養生文化村之後，不只是安養而已，而且要發揮所長在村內工作，創造生存價值，自己養活自己，這樣才能生活得有尊嚴，每天過得快樂、健康，朝氣蓬勃。

其次，一般的安養院頂多提供康樂活動中心，而養生文化村除了提供各項休閒活動（包括運動養生、娛樂交誼、藝文技藝、民俗活動、宗教活動等）之外，特別成立終身學習的銀髮學園，提供住戶再學習的機會與再進修的管道，從學習與進修中體會生活的樂趣。

第三，一般的安養院只是安養而已，無法提供完善的醫療照顧。養生文化村以長庚醫療體系爲後盾，不但有社工師協助住戶規劃愉悅的健康生活，與護士提供健康諮詢，而且有專業的社區醫師，派駐在村內做周全的醫療服務。

第四，一般的安養院少者數十人，多者數百人而已，而養生文化村則是多達數千人的新社區，它是在創造一個適合銀髮族生活、娛樂、休閒、學習，提供全面無障礙的溫馨空間，並特別設計了家庭重組機制，讓志趣與背景相近的人重組家庭，使住戶感覺是住在溫暖的大家庭之中終老。

總而言之，在王永慶的理念中，「養生」的目的，是為了達到健康的生活；「文化」的強調，是為了要豐富生活的內容，所以，養生文化村最重要的概念在於——活到老，做到老。他甚至設計出以工代金的付費方法，讓老人一邊工作一邊安養，自己奉養自己。

王永慶說：「將來這些老人進來，不是只來安養而已，是要求做事情的。在養生村裡，會創造各種工作機能，讓進來的人都能貢獻所長。」❶

位在桃園龜山的第一個養生文化村，王永慶斥資一百多億於三十四公頃的土地上蓋了四千多戶，可住進六千多位銀髮族。在二〇〇四年三月推出之後，迅速被訂購一空，訂購者已在二〇〇五年初陸續入住。

有鑑於反應熱烈，王永慶決定斥資兩百多億，在嘉義太保的一百公頃土地上，興建一萬多戶的第二個養生文化村，這專案已於二〇〇四年十二月動工。後來他又決定斥資一百多億，在宜蘭龍潭三十八公頃土地上，興建四千多戶的第三個養生文化村，這專案預計在二〇〇五年十月動工。

王永慶曾到日本與美國的安養院參觀，他認爲辦得不夠好，看了會傷心，他希望長庚的養生文化村推出之後，能提高安養院的水準。

回收廚餘，淨化環境

台灣每年會製造出將近兩千萬噸的垃圾，如果把這些垃圾鋪在全島，可以堆成一個成人高。這麼多的垃圾，卻只有回收百分之三的資源，落後先進國家甚多。

其實，垃圾中的紙製品、塑膠、瓶瓶罐罐甚至廚餘（即餿水）都可以回收。根據王永慶的估計，這些垃圾回收一年可有五百億的營業額。他說：「垃

❶陳翊中、萬蓓琳，〈八十八歲王永慶的三個大夢〉，二〇〇四年十月十一日出版之第四〇七期《今周刊》，頁四三。

圾是資源，埋在地底或燒掉，都是浪費，上帝會說我們笨、該死！」❷

在這些可回收的垃圾中，王永慶挑了難度最高的廚餘回收，已經開始進行，理由有下列三點：

第一，以往廚餘由環保單位回收之後，只能當垃圾來處理，拿到焚化爐用油來焚燒，不但造成空氣污染，也會污染地下水。

第二，廚餘回收之後，送到台塑環保科技的廚餘處理廠，經過高溫殺菌發酵之後，就能製成養分高的有機肥料。廚餘是最佳的有機肥料的原料，將廚餘製成有機肥料是很好的廢物利用。

第三，廚餘回收可以改善土壤酸化的問題。台灣農民長期以來已經習慣使用化學肥料。而化學肥除了會污染河川，也會造成土壤酸化。如果用廚餘所製成的有機肥來取代化學肥，就可以改善土壤酸化的問題。土壤改良後，可種樹綠化，減少二氧化碳的排放量。希望將來台灣從事煉鋼或煉鋁，都能符合「京都會議」制定的二氧化碳排放標準。

總之，廚餘回收既可解決廚餘對環境的污染，又可以製造有機肥料，而且還能改善土壤酸化、二氧化碳排放等問題，可以說是一舉數得。王永慶主要的目的是藉著廚餘回收能恢復台灣的好山好水。

可是，要建立廚餘回收體系，工程浩大，問題多多。譬如說，家家戶戶如何儲存廚餘？是每天收或兩三天收一次？要如何挨家挨戶去收？收來後放在哪裡？如何建立儲槽？如何除臭？還有下游回收廠商等問題。

堅信「容易做的事，不會有何意義」的王永慶，當然不會被上述的問題所困住。目前，台塑環保科技已針對下游回收廠的問題，規劃在台北、桃園、台中、雲林、台南、屏東、花蓮、台東等地設立廚餘處理廠。其中桃園楊梅廠在二〇〇五年可完工運轉，預計一年可生產三萬六千公噸有機肥料。

另外，王永慶爲了每個家庭要儲存廚餘，自掏腰包花費數億元，訂購七百萬個廚餘桶，贈送給台灣每個家庭，截至二〇〇四年底，台北市家家戶戶（有七十幾萬戶）均已收到這個廚餘桶。

該廚餘桶的容量爲三公升，那是以一家四口（台灣每戶的平均人口數）兩三天所可能製造出的廚餘量。而每人每天製造出的廚餘量，則是以每人每天製

❷楊艾俐，〈王永慶再戰王永慶〉，一九九八年六月一日出版之《天下雜誌》，頁一三〇。

造出零點一二五公斤的垃圾量，再估算其中有四成是廚餘，而廚餘的比重爲零點六當基礎，如此計算出來的。❸

等到台塑環保科技設在全省各地的廚餘處理廠陸續完工，同時台灣家家戶戶都收到王永慶所捐贈的廚餘桶，屆時廚餘回收體系就可以在政府與台塑的通力合作下，正式運轉。

發展電動車

王永慶的前兩個夢想「興建養生文化村」與「回收廚餘，綠化環境」都已經在實現之中，他的第三個夢想是發展電動車。

發展電動車，一方面可消除都市的空氣污染，另一方面可爲三、五十年後的台塑找出生機。一般估計，全世界石油蘊藏量將會在大約四十年內用罄，屆時沒有石油就沒有煉油與石化工業，王永慶必須未雨綢繆。

他說：「最大的效益商品是汽車，Toyota，年營業額數百億，獲利超高的。中國人勤勞，可以製造世界上最有價值的汽車，而且應該以電動車爲目標。」❹

目前美國、日本、歐洲等各國的汽車產業非常進步，彼此競爭也非常激烈。大家也都知道，電動車必定是未來的明星產品，而發展電動車的主要關鍵在電池。

傳統汽車的心臟是引擎，而電動車的心臟則是電池。可用於電動車的電池有鉛酸電池與鎳氫電池，前者造價較低但重量太重，後者重量較輕但造價昂貴。

王永慶指出，以目前的鉛酸電池，一度電的製造成本要二百美元，如果大量採購，一百美元就買得到；假如自己製造的話，大概只要七十美元，可是鉛酸電池太重了，根本不可行。❺

至於鎳酸電池，目前每一度電的製造成本為四五〇美元，造價太高了。王永慶認為，如果鎳酸電池的造價能壓低到一二〇美元，實用性就非常高

❸陳翊中、萬蓓琳，〈八十八歲王永慶的三個大夢〉，二〇〇四年十月十一日出版之第四〇七期《今周刊》，頁四四。
❹楊艾俐，〈王永慶的第三個春天〉，二〇〇四年七月一日出版之《天下雜誌》，頁八二至八三。
❺王永慶，《王永慶談話集第三冊》，二〇〇一年一月十五日《台灣日報社》出版，頁六八。

了。

王永慶說：「假如蓄電池（指鎳酸電池）一度電容量的製造成本是一二〇美元，加上車身等等大約是五千美元，這樣一部車可以訂價在新台幣二十七萬以下，而且用電的費用只有汽油的四分之一。」❻他言下之意是說，這種訂價台幣二十七萬元，而耗電費用只有傳統汽車的四分之一，它的市場競爭力就相當強了。

爲了降低鎳酸電池的成本，台塑企業總管理處總經理室曾派了一批人到美國Ovanic公司（一家與南亞技術合作的電池公司）實習，並以台塑的成本分析方法去研究，使得這種高成本的製造方式完全改觀，算起來大概只需二百美元左右，甚至努力一點，更可以達到一五〇美元的目標。❼

王永慶自信滿滿地說：「二十一世紀的汽車工業，肯定非走電動車的發展路線不可，所以我們一定要做，而且只要夠用心，努力奮鬥，一定會成功的。」❽

對於他的雄心壯志，我們且拭目以待。

❻王永慶，《王永慶談話集第二冊》，二〇〇一年一月十五日《台灣日報社》出版，頁九八。

❼王永慶，《王永慶談話集第三冊》，二〇〇一年一月十五日《台灣日報社》出版，頁六八至六九。

❽同❼，頁七一。

16 王永慶的挑戰

台灣每年對日本有一百多億美元的貿易逆差，朝野也都大聲疾呼要平衡這項逆差，可是收效不大，主因在於產品的品質與價格在日本市場上沒有競爭力。

不相信日本第一

台塑企業的PVC塑膠粉每年外銷日本數萬噸，這是王永慶費盡千辛萬苦得來的成果。他說：「你要將產品銷售到日本市場，除了必須有足夠的品質和價格條件之外，還要以打游擊的方式，避開他們的嚴密封鎖，同時以堅強的實力和耐力，做持續不斷的進攻，造成日本業界莫大的困擾之後，他們才會眞正和你做合理的妥協，這種過程非常艱苦。」❾

這幾年來舉世高喊「日本第一」，王永慶頗不服氣。他指出，他絕對不相信日本第一，只要肯腳踏實地，充分發揮勤勞樸實的精神力量，我們中國人應該是第一的。現狀是我們努力得不夠，所以還停留在開發中的階段，根本原因並不在於我們的智慧不如人，而是我們追求合理化的認眞程度不足，很多力量都是在紛擾、紊亂之中抵銷掉。

王永慶舉了一個實例證明日本人不一定樣樣第一。

他說：「我不久前舉行一次宴會，日本有不少工商界負責人，如三井、三菱的負責人都在場，其中有一位塑膠業者對我說：『你不要過分欺負我們日本人。』在PVC業上，無論如何日本比不上我，我不是吹牛的；日本能，我們不能，我實在不服氣。」⑩

他又說：「企業經營要看得遠，當初我計畫台化生產尼龍，尼龍可做布的原料，可做皮包。當初日本人笑我傻，其實如果沒有生產尼龍，PVC就生產

⑨王永慶於一九八二年十月三十日，在台塑第二期在職人員訓練班結訓時的訓勉詞。
⑩天下雜誌編輯部，〈二王對談〉，一九八一年十二月一日出版之第七期《天下雜誌》，頁四二。

不好。日本人笑我尼龍沒有銷路，其實我另一目的是生產PVC。事實證明我沒有錯，而且我從未受到政府特別保護。我當初設廠是經過考慮的，後來我台化的產品都是外銷，沒有內銷的。外銷就難免和日本競爭，我沒有一項輸給日本。」⓫

聽王永慶豪氣干雲的一席話，在PVC的領域中，他的確是把日本人比下去了。特別到了二〇〇四年底，六輕已經完工，兩套煉油廠、兩套輕油裂解以及六十二座石化工廠全部投入生產，台塑集團二〇〇四年的營業額高達近一兆二千億元，獲利達一千七百億元，在全世界石化業的排行中，只落後德國的BASF與美國的道氏化學（Dow Chemical），成爲不折不扣的石化巨人。

投資科技產業慢半拍

雖然如此，王永慶還是有他的極限。他在石化業大開大闔、雄心萬丈；不過在科技業則瞻前顧後、慢了半拍。

舉例來說，一九八九年時，美國德州儀器（TI）曾主動找台塑洽談合作生產半導體事宜，在遭到王永慶拒絕之後，轉而與宏碁合作成立了德碁半導體。事實擺在眼前，王永慶不看好的半導體，卻是全球近十年來最耀眼、最賺錢的行業。目前在台塑集團中舉足輕重的南亞科技（生產半導體上游原料矽晶圓），也是在王文洋極力爭取之下，才勉強同意於一九九五年動土興建。

當年積極推動台塑跨入半導體的前南亞科技總經理王文洋不無遺憾地說：「台塑當年如果開始就好了。」⓬（王文洋的意思是如果台塑早在一九八九年開始就好了。）

從上述可知，由於王永慶對科技電子業的疑慮，導致台塑集團投入科技業至少慢了六年。

除此之外，王永慶還得面對企業文化與經營家族化的挑戰。

企業文化的挑戰

首先來談談企業文化的挑戰。王永慶從石化業跨入科技電子業，首先要面

⓫天下雜誌編輯部，〈二王對談〉，一九八一年十二月一日出版之第七期《天下雜誌》，頁四二。
⓬許彩雲，〈修練：王永慶挑戰王永慶〉，一九九五年九月出版之第一一一期《遠見雜誌》，頁四〇。

對的，就是這個挑戰。

所謂企業文化，是指一個企業長期累積下來的思考方法與行爲規範。因爲從石化業跨到科技電子業，所以在產品的特性、經營的理念以及客戶的要求等方面，都有很大的不同。

王永慶擅長經營的石化業，產品單純、附加價值較低，必須不斷地追根究柢來改善製程與降低成本，最後再以大量生產取得競爭的優勢。電子業的產品複雜，附加價值高，風險也高，必須依賴不斷地創新，最後以少量多樣與精密度取勝。

再譬如，台塑集團一向堅持不錄用有經驗的人，公司的人才寧願採用新人，由基層訓練起的方式，可是這一套就不適於科技業，爲了趕上科技同業，必須打破傳統，或是到國外聘用學有專精的人才，或是到科學園區挖角。

還有，爲了吸收到優秀的人才，在成立南亞科技時，王永慶被迫打破台塑四十年的傳統，比照其他科技同業，讓員工入股分紅。

面對未來的挑戰，王永慶說：「現在工業發展到這個地步，高科技愈來愈重要，尖端工業發展很快，企業家要更用心，消息要靈通，否則一下就被拖垮了。像我現在這個年紀，面對這種發展，我也是很害怕，眞的，不趕上去不行。」⑬

經營家族化的挑戰

其次談到經營家族化的問題。

據一名台塑離職人士分析，王永慶在一九八一年以前確實培養了不少具相當實力的人才，但一九八一年之後，王永慶與王永在的子女陸續成人，進入台塑關係企業，家族企業的味道日益濃厚。⑭

我們再來檢視一下王家第二代在台塑集團中任職的狀況。王永慶的次子王文祥擔任台塑美國ＪＭ公司總裁，長女王貴雲擔任南亞塑膠門窗事業部經理，四女王瑞華擔任台塑集團六人小組中的一員兼長庚生技總經理，五女王瑞

⑬雜誌編輯部，〈十五大集團企業誰最卓越〉，一九八四年九月一日出版之第一期《卓越雜誌》，頁一一。

⑭莊素王，〈王永慶——台灣企業最後強人？〉，一九九〇年四月一日出版之第一〇七期《天下雜誌》，頁九三。

瑜擔任台塑總管理處協理兼台塑生醫總經理，六女王瑞慧擔任長庚醫院行政管理中心副主任；王永在的長子王文淵擔任台化總經理，次子王文潮擔任台塑石化總經理。

從上可知，台塑集團已經逐漸由第二代分別接掌各企業的要職；換言之，台塑集團的經營家族化已成爲既定的事實。接下來的問題是，經營家族化的台塑集團會造成嚴重的後果嗎？也就是說，家族企業的經營最後的命運必定會走向衰敗嗎？答案是不一定。

針對企業經營家族化之後，是走向興盛或是衰敗，管理大師彼得．杜拉克有精闢的看法。他認爲關鍵端視企業營運的目標而定，如果營運的目標是爲了企業而不是爲了家族，企業與家族才能同時存活下來，並走向興盛之路；如果營運的目標是爲了家族而不是爲了企業，企業與家族將會兩敗俱傷而走向衰敗之途。

對於營運的目標是爲了企業這一點，杜拉克先生還訂出兩個必要條件，第一是家族的成員必須與企業裡的幹才一樣能幹，第二是必須保留一些高階位置給那些能幹的專業經理人。關於這兩點，王永慶兄弟與王家第二代做得還不錯，可是第三代、第四代呢？那就有待時間的考驗了。

王永慶的不朽之路

台大經濟系教授王作榮，在他一篇以〈思議那不可思議的〉爲題的文章[15]中，建議政府充分而有效地利用王永慶這一稀有的人才。

王教授建議請王永慶出馬，政府給他充分的信任與支持，給他一筆資金去運用，開發幾個重大投資計畫，這幾個計畫與私人不相干，完全爲整個社會而投資的。將來如果失敗，政府負擔這個責任；如果成功，經過股票上市，分給全社會大眾。[16]

王作榮提出這個建議，是希望藉王永慶的企業才能，結結實實地爲社會大眾創辦幾個現代化的企業，用以填補現在投資意願低落的空缺，用以促進經濟結構的改變與工業的升級，用以建立幾個誠實經營，由社會大眾投資的非家

[15] 發表於一九八三年十一月一日出版之第三〇期《天下雜誌》，頁六三。

[16] 天下雜誌編輯部，〈二王對談〉，一九八三年十二月一日出版之第三一期《天下雜誌》，頁一三六至一四七。

族、非財團的企業，用以形成儲蓄與投資之間的管道，而最後總結一句，用以改正目前的許多經濟方面的缺點，使我們的經濟像個現代化的經濟，像日本、像美國、像德國那樣。⑰

王教授認爲，像王永慶這種天賦領導人才都是不世出的國寶，如果善加利用，充分發揮他的潛力，必然對人類進步有重大的貢獻。如果不善加利用，便是暴殄天物，自甘落後了。

當然，王作榮這一建議的先決條件是，王永慶必須放棄他私人企業的繼續擴充，而將餘生貢獻給國家社會。這對王永慶的個人利益是一種犧牲，但如做成功了，則功在國家社會，他將永垂不朽。

中國歷史上還沒有一位富豪留名，有一位哲人說：「一個人只有在沒有人記得他時，才眞是死了。」希望幾百年，甚至幾千年後，王永慶還是一位家喻戶曉的人物！

⑰發表於一九八三年十一月一日出版之第三〇期《天下雜誌》，頁六五。

附錄一

王永慶V.S.松下幸之助

在台灣，王永慶是經營之神；
在日本，松下幸之助也是經營之神。
把中日兩位經營之神拿來做個比較，
不但非常有趣，而且透過排比，
我們能更透徹地了解這兩位傳奇人物。
筆者曾經寫過王永慶與松下的傳記，
也曾對兩人的管理模式有專書的研究，
所以擬就兩人若干相同與相異之處，
做個比較與分析。

相同之處

一、「大量生產」的經營策略

「大量生產，降低成本」是王永慶很厲害的經營策略。這一策略，在一九五八年時，協助他突破困境、轉危爲安，並從此踏上了塑膠的坦途。

當時他創設台塑公司，每月只有一百噸PVC產量，由於業者對他的產品沒信心，造成了生產嚴重滯銷。爲了打開國外市場，王永慶毅然決然二次擴廠增產，基於「大量生產以降低成本」的道理，把產量由一百噸提升到一千兩百噸。

產量激增後，成本大減，不但打開PVC塑膠粉的銷路，也成爲王永慶日後經營企業的重要策略。

松下在一九一八年創業之初就體會出「東西有創意，價錢又便宜，一定會暢銷」的道理，所以松下電器很快就被公認是一家「把改良的產品賣得特別便宜」的工廠。

到了一九二三年，松下就孕育出一套「改良舊產品、大量生產降低成本、低價售出」的經營策略。這項策略的做法是：看到別人生產某一暢銷產品時，立刻模仿改良製造出類似的產品，然後以比較優良的品質與較低的售價，打垮舊有的產品，並占有廣大的市場。

二、經濟不景氣的因應對策

王永慶曾說：「經濟不景氣的時候，是企業投資與展開擴建計畫的適當時機。」

他指出，凡是在景氣低迷的時刻，正是企業鍛鍊體質的最好時機，經營者要咬緊牙關，藉機改善企業體質，強化管理；如果行有餘力，不妨擬定完善的投資計畫，做有效或前瞻性的投資，通常可先馳得點，化危機爲契機。

王永慶認爲，在經濟不景氣時，投資新的計畫，至少建廠的成本較低，可增加產品的競爭能力；而且，經濟景氣的好壞，大都循一定的週期在轉，目前興建一座現代化工廠約需一年半到兩年的時間，在不景氣時建廠，等到建廠完成時，市場景氣又在逐漸復甦中，正好趕上時機。

松下也認爲經濟不景氣時，正好是擴建新廠的好時機。

他說：「經濟愈不景氣，失業者愈多，這時候建材與工資都特別便宜，是蓋新廠的好時機。而且蓋新廠可提供木工與水泥工等的就業機會，這也是企業界突破不景氣應有的做法。」

松下還把不景氣當作是磨練員工與發展企業的良機。

他指出，許多企業的弊病，往往在遭遇不景氣時才會暴露出來，因此不景氣反而是改進營運缺失的大好機會。還有不景氣也是培育人才的最佳機會。因爲在經濟景氣時，要刻意創造出一個磨練員工的環境與機會實在不易；而不景氣時，正好提供一個最佳的磨練機會。

王永慶與松下兩個人對不景氣的因應與看法不謀而合。

三、對「運氣」的看法

有人曾經問王永慶，他的成功是否因爲運氣特別好呢？

王永慶回答說：「是的，我的運氣不錯。不論是成功或失敗，一般都歸之於運氣。不過我認爲，以前的成功與失敗可以說是運氣的關係，以後可就不能這麼說了。失敗的人，說是運氣不好，再等下去，而不努力奮發，好運氣是不會來的；成功的人，認爲運氣好也就不去努力奮發，他的運氣就要變壞了。」

王永慶的意思是，失敗的人，不要灰心，是運氣不好而失敗了，所以應該發憤繼續努力；成功的人，應該有謙遜之心　因爲成功是眾人協助和良好環境所造成的，不可自視太高也要繼續努力下去。

松下電器公會會長丹羽正治曾請教松下：「您成功的原因是什麼呢？」

松下想了很久後說：「可能是我對『運氣』的態度吧！一般人都把成功歸功於自己努力的結果，而把失敗歸咎於運氣差。我的態度剛好相反，當經營順利時，我會認爲這是運氣好的緣故；當經營不順時，我會認爲這是自己不夠努力。」

松下的看法是，把成功歸諸於運氣，因而能長保謙遜之心，不敢有絲毫的驕傲與懈怠，如此才能贏得下一次的成功；同時把失敗歸過於自己努力不夠，而後才能徹底地反省與檢討，如此改正過來後，下一次就會成功了。

有關運氣，王永慶與松下的回答方式雖然略有不同，但其中所隱含的「積極意義」卻完全相同。

除了上述三點之外，兩人都是貧苦出身，也都只有小學畢業；都求才若渴，而且非常重視員工的教育訓練。

基本上，王永慶從事石化工業，而松下則是電器工業，這是兩種截然不同的產業。不過在一九八四年王永慶開始投入資訊電子工業——印刷電路板相關的上、中、下游工業，而松下在十多年來，已從電器工業昂步跨入電子科技工業了。從這點來看，兩者在異中又有點相同。

相異之處

一、用人哲學

談到王永慶的用人，不由自主地就會想到他那逼迫式的壓力管理。

爲了傳達他的命令，貫徹他的主張，並嚴密地考核各事業單位施行後的成效，王永慶特別成立了人數達兩百餘位的幕僚單位——總經理室。總經理室的主要工作，是不斷在各事業分支機構發現問題，追蹤、考核，使他們隨時都有壓迫感，不敢滿足於現狀。

王永慶曾說：「好，好不過三代，這是有道理的，有壓力感，覺得還不夠好，做出『苦味』來，才會不斷進步，一放鬆就不行了。」基於此，他透過兩百餘位幕僚人員，把他的經營理念，落實到最基層。

王永慶每天中午都在公司進行有名的「午餐會報」。他在會議室召見各事業單位的主管，先聽他們的報告，然後提出犀利而又細微的問題逼問他們。王永慶精力過人，對複雜的數字過目不忘，又喜愛用追根究柢式的質詢方式，所以壓力管理的制度被他發揮得淋漓盡致，效果卓著。

相對於王永慶這種高壓式的「剛性」管理，松下的用人就偏向於「柔性」管理了。

松下指出，有一種領導者，運用超人的智慧與領袖氣質，有效地領導部屬達成目標。他自認爲能力不足，身體又不好，所以不同於上述的領導方式，他的方式是向部屬求助，請求部屬提供智慧。

他常對部屬說：「我做不到，但我知道你能。」

松下曾經說過，經營者必須兼任端茶的工作。他的意思並不是指經營者眞的要親自去端茶，而是應該隨時懷抱這種謙遜之心，對努力盡責的員工，要滿懷感激之情。只要心懷感激，在行動之中會自然地流露出來，這麼一來，當然會使員工振奮，因而更加努力工作。

他指出，當他的員工有一百人時，他要站在員工的最前面，以命令的口氣，指揮部屬工作；當他的員工增加到一千人時，他必須站在員工的中間，誠懇地請求員工鼎力相助；當他的員工達到一萬人時，他只要站在員工的後面，心存感激即可；當他的員工達五萬或十萬人時，除了心存感激還不夠，必須雙手合十，以拜佛的虔誠之心來領導他們。

松下的這一段話，充分表達了他「柔性管理」的精髓。

二、回饋社會的方式

王永慶在成爲台灣的首富之後，創辦了明志工專、長庚護專以及長庚大學，設立長庚紀念醫院，把台塑的管理制度移轉給下游工廠，興建養生文化村與回收廚餘，他相當努力地回報這個社會。不過，他似乎除了獲得「經營之神」的榮銜外，不像松下被人尊稱爲「哲學家」，甚至「宗教家」，這是什麼緣故呢？

我們發現，松下在七十歲時，與日本首相池田在電視（NHK）討論「人類」、「豐裕人生」、「宇宙及生死」、「繁榮之道」；而王永慶七十歲時，與宜蘭縣長陳定南在華視進行「環保大對決」。從這件事可以看出「哲學家」與「企業家」的不同之處。

松下在五十六歲時創立PHP（Peace and Happiness througr Prosperity），意思是「透過繁榮來追求和平與幸福」；六十八歲時，他辭去社長的職位，全心致力於PHP的研究工作，為追求人類的和平與幸福孜孜不倦；八十三歲時，他寫了一本書《我的夢、日本的夢、廿一世紀的日本》，書中深入剖析了日本，並描繪出三十年後理想的日本社會，該書對日本的未來有極明確的導引，影響深遠。

松下在成為「經營之神」後，立刻跨出「企業家」的框框，毅然邁向「哲學家」的領域，為日本的未來與人類的和平與幸福竭盡心力；而王永慶在成為「經營之神」後，似乎仍在「企業家」的範疇內打轉，他為了解決「設廠」與「污染」的問題，四處奔走與解釋，他仍舊為了「經營績效」而努力不懈。

許多人曾經問我：「台灣為什麼出現不了像松下幸之助那樣偉大的企業家

呢？」我回答不出來。松下於九十六歲逝世，而王永慶今年（二〇〇五年）八十八歲，我們寄望他能走出「企業家」的框框，邁向「哲學家」的領域，爲台灣的和諧與幸福，做出偉大的貢獻，而不讓松下專美於前。

（完成於一九八七年，修訂於二〇〇五年）

附錄二

王永慶答問錄

內文十六個章節中，筆者採用大量文獻
以十六個角度分析王永慶。
由於採用文獻的緣故，
讀者難免有不夠親切的遺憾感。
為了使讀者更直接、更徹底地了解王永慶，
筆者蒐集了王永慶從一九七七到八三年間，
回答大學生、研究生、企業家
以及華僑等的四十三個問題，
呈現在讀者面前。
從四十三個問題裡，讀者如同身臨其境，
清清楚楚地看見了王永慶。

輔仁大學生提問

王永慶在一九七七年五月二日到輔仁大學，進行了長達兩個小時的問答式演講。在將近二十個問答中，我們摘錄其中重要的五個問答如下：

問題一：假如時光倒流，王董事長現今二十歲，在目前這種企業環境中，您將如何自處？又王董事長對大學剛畢業的年輕人有什麼忠言？

答：我自己雖然學歷不高，但是我不認爲唸書是多餘的；相反的，在今天台灣經濟現況中，學問、知識、技術才是個人賴以生存之道。因爲我當年崛起之時，社會經濟落後，可以慢慢來，人賺錢，再用錢賺錢，但今日競爭極其激烈，類似我的例子已幾乎不可能。

因此，年輕人剛踏入社會之時，不要東挑西挑，任何工作都可以做，都有前途；特別在企業界，只要你努力學，一年就可以得其要領，而三年有成，可以一展雄心大略。而與上司相處之時，如果多次提建議而不被接納，那你可以開始另找工作了。

企業家對社會的責任

問題二：王先生在您的企業中，如何求才、待才？又您認爲企業家對社會的責任、貢獻爲何？

答：求才、待才之道，自然是善待人才，他們幫我做事，我自然對他們很好。業家對社會的貢獻，不是所謂外銷，爭取外匯，他們本來就應該這麼做；而培養人才，替社會培養人才，才是一個企業家的責任。我的台塑企業就是一個社會企業，爲社會服務。

問題三：有人說台塑是「一人企業」「王永慶企業」，又王董事長剛才表示，台塑企業的董事長之職並無讓兒子或長孫繼承之說，請問這兩個問題您如何解釋作答？

答：關於外界傳說「台塑企業就是王永慶事業」「王永慶事業就是台塑企業」，我自己也聽說過，但是別人要說什麼，我是沒辦法阻止的。至於第二個問題，我目前無法作答，因爲那要看我的兒子或孫子能磨練到什麼程度，足不足以擔當重任而定。

問題四：在目前積極討論的「資本密集」、「技術密集」工業中，應如何抉擇？

答：我認爲只要有外銷市場，能替國家賺取外匯的事業，都應該鼓勵，例如拆船業就是個很好的例子。

每個時代都有難題

問題五：公害是當代最大問題之一，台塑企業有何具體因應措施，又在泰山的南亞塑膠廠常常冒出大量廢氣，風向吹到輔大校園，對輔大學生的健康有很大損害，請問王董事長如何改善？

答：每一個時代都有每一個時代的難題。我小時候住在鄉下，蚊蟲非常多，每到傍晚，只好點燃乾草堆，悶出煙來，驅趕蚊蟲，蚊蟲是趕走了，人也覺得呼吸困難，但是可以訓練抵抗力。現今公害問題已被各國所注意，台塑也儘量在朝消滅公害努力，南亞塑膠放出的氣體應該不太嚴重吧！

全國工商經營研究社友提問

一九七八年五月二十四日，王永慶回答全國工商經營研究社（IMC）社友十三個有關經營管理的問題。

問題一：一個公司在發展爲龐大的企業體後，往往會形成衙門化，請問用什麼方式可以防止？

答：公司發展爲大型的企業體，自然有其歷史與條件。一個小工廠，要能在這競爭的環境中生存，一開始就應該準備就緒，才能逐漸成長，建立規模。要防止企業龐大後不至於「衙門化」，不是一件容易的事情，要徹底的防止就應各項管理面面俱到。歐美先進國家，曾經接觸過的人，也知道有衙門化企業的情形，所不同的是歐美國家企業爲組織化的衙門化，而我國企業則是官僚化的衙門化，這就是管理的差距。

我們雖爲禮儀之邦，可是在生意場上，往往在開始談生意的時候，禮貌周到得很，可是後來生意一談成，就不注意了，成爲應付式的，表面化的；在企業界的日常工作上，也往往有這種情形產生。而在國外，他們講究禮貌，則前後一致，面面俱到，沒有虎頭蛇尾的現象。我們的大企業之所以會變成衙門化，就是沒有學到外國這一套有組織、有程序的衙門化，而變成官僚潦草的衙門化。

我國出口貿易實績之優良，依靠加工出口廠商之比重不小，因此我國向國外採購原料的數量相當驚人，外國廠商非常積極地在台灣爭取生意；而我國企業的特色，在採購上又非常有一手，到處探聽價格，愼重比價，而買到比當地價格更便宜的價格。再說，一樣是同類的原料或產品，廠商反而喜歡向國外購買，以致國內生產廠商開始要求政府保護國內工業，爲什麼不自問這是什麼道理，有沒有做好各種服務工作，或加以改進。政府或許也寵壞了這些企業，變成管理鬆弛，驕傲自大，而成爲衙門化，發生這種情形，經營者應該完完全全地負起責任。

有管理才有技術

問題一：目前盛行關係企業，請問依王董事長的經驗，有什麼優劣點？

答：這就是你們剛才所稱的一種整體經營管理的問題。

經營的原則應能兼顧經濟性、發展性及考慮對社會的貢獻，絕不可認爲他人能做的生意，我們不妨也做做看，而完全不顧及如何發展及分析盈虧的所在。管理的問題是廣泛而細膩的，譬如說，買原材料什麼時候會交貨，賣東西何時應該交貨，時間須控制準確，不失誤，這就是一種管理。而技術的問題是指如何做最合理；大家應該知道，有技術而沒有管理，技術也是空有其名而已，所以須具備管理的力量才能把握技術的功能。

說眞的，依我個人的經驗，關係企業並沒有什麼優點。到底關係企業是如何形成的，也眞令我不解，記得台塑剛剛生產塑膠原料的頭先幾個月，生意很差，不得已才成立南亞公司來加工生產塑膠產品出售，就這麼樣的形成了，關係企業要統一管理實在不簡單。但是，關係企業向銀行借錢倒是方便不少。

問題三：台塑關係企業一旦在任何一家公司發生困難，王董事長一定蒞臨現場，研思因果，對症下藥，是否請王董事長談談這一方面的經驗？

答：所謂現場不一定是在工廠，首先各部門送達的資料，便是現場資料，包括資料品質，事情眞相、原因等，應該徹底分析、了解、判斷，到底資料是否完整。負責的人是否足以勝任，並可以找出對策，尤其教導使其工作順利是很重要的，推動在職訓練，培養之使能適才適所。

如果資料不齊全，看現場又有什麼用？應該分析資料，才能發覺問題。管理者的重要工作是分析每一件事情的本末，經營者應親身努力、吃苦、奮鬥，才能使我國工業動起來。經營者應依靠幕僚人員的努力協助才會有成果，如果經營者不努力，而要求幕僚人員努力，那就難了。所以經營者應深入了解問題，分析資料，才能對症下藥解決問題。

做事比做人重要

問題四：請問王董事長，什麼是您的經營哲學？

答：我所學很淺，所能談的也不廣，經營理念是空的，只是理論。企業若不能培養人才，只談理念毫無用處，而理念首重工作品質，這就仰賴優秀的人才，因此如何培養優秀的人才，經營者應有這項認識。

問題五：台塑關係企業的人事制度優良，請問王董事長在知人、育人、用人、留人有什麼秘訣？

答：我們常說做人、做事的問題，雖說做事之前先學做人，但我認爲應先懂得做事，了解做事的事理，把事情做得徹徹底底，才算是一個堂堂正正的人。常常說如何做人，那只是口頭說說而已，理想化的。我們提倡做人比做事更重要，可是在國外則只談做事，少談做人，他們的進步與發展不也是很有成就嗎？因此我認爲事要做得好，才談做人。

知人首在目標一致，事理分明，做事認眞，工作品質好，有效率、有規矩、有貢獻，才是一個人才。如果某人沉默寡言，就認爲是老實人，那就錯了，老實人應該是個會做事，懂道理的人。知人之前，自己要先深入事物的本末，判斷優劣眞僞，才能夠具有知人的慧眼。

育人就是主管的重要工作，要懂得教導部屬，那主管就非了解事物的全貌不可。應重實際，有實驗的結果，有眞實教材才足以教人，否則東抄西襲是發生不了作用的。

用人則要公平合理，才能服人，才能順利推動工作。

留人則應考慮前途性，台灣的社會與日、韓不同，日、韓的企業不挖角，我國則以高薪競相挖角。留人應使對方感到有前途，否則他也許會去辦自己的事業。我國發展尚未達到最好的境界，因爲人的力量還沒有完全的發揮，日、韓的發展迅速，也應歸因於人的潛力發揮，沒有挖角的現象。

節儉勤快才能生存

問題六：許多企業家對股市或有干預行動，不知王董事長對自己公司的股票在股市上有什麼管理行動？

答：我不曾在股市上買賣股票，也不曾關心過，當然這也不是好現象，許多人看了股票猛漲，也只是空歡喜一場，又有什麼用？

問題七：王董事長在領導方面有什麼訣竅，才使這些人才願意努力工作？

答：很多人事業的成敗有好壞運，過去我認爲如此，現在則認爲遭受失敗的苦果後，應想法子不再失敗，才最重要。天下事如果有那麼多的秘訣，那學秘訣不也就會成功了嗎？那眞是很有趣的，其實我也沒有什麼秘訣。

問題八：企業是否需要宗教信仰做爲精神的支持？

答：我個人年輕時到過教會，此後就不曾去過。

信仰是一種精神的寄託，是理智的抉擇，大家都有信仰，有做事、做人各方面的信念。台灣地區的基督教傳道很成功，值得欽佩，台灣的信徒從人口比例說比日本多，而台灣的公共道德似乎比日本略遜一籌，這是什麼理由？那或許台灣基督教的工作推動比日本沒有成效。所以宗教信仰者應進一步踏入社會，歷經奮鬥，飽受風霜，才能仁愛、吃苦。信仰光用說的沒有什麼用，人應該互愛，此心源於個人對困難的承受痛苦，足以了解對方、幫助對方解脫困苦，才是眞正的信仰。

問題九：請王董事長贈送給我們座右銘，以供行動參考？

答：這很不容易回答，要緊的，我們應了解，台灣工商界的繁榮與成就是什麼條件造成的。台灣缺乏資源，時常在談論經營管理與技術，日產公司的社長來台，見了他稱譽其成功在台灣，打出了這麼高度占有率的市場，其實他也應進一步了解品質是什麼樣子。我國一向缺什麼，便進口什麼，出口的產品大部分是勞力的代價，這也是不得了的成就，但韓國、東南亞已直追而來了。

我好久沒逛台北街頭了，總是在公司與家中兩方來回跑而已。前些日晚間到中山北路，才感受到花紅柳綠的繁榮，眞嚇人，這是什麼原因呢？工商界賺的是什麼錢呢？做國內的生意比較穩定，而出口生意則須冒較大的風險；國內生意好，游資多，各企業的經營管理不善，漏洞也多，這便產生了漏洞的繁榮，不是好現象，亂花錢的景象太多了，說眞的，人應該節省、勤儉以求生存，放蕩無度是很大的錯誤，這只是個人的看法，僅供參考。

事分輕重，「才」最要緊

問題十：王董事長的關係企業體這麼龐大，請問日常工作重點如何分配，時間如何運用？

答：事分輕重，也就是工作重點。工作結果影響力的大小應徹底追求，這種影響效果的大小也就是事的輕重。不是說我很能幹，也很會運用時間，事情應判斷需要多少時間做成結論是很重要的，不可忙得團團轉，那是沒有什麼意義的，時間的分配也是以工作的輕重爲基礎。

台灣企業的規模還小，與外國的企業眞無法相比，人才的養成，才是最要緊的。分析事情，應點點滴滴深入了解，何人能做什麼工作是很重要的，否則引起惡性循環，即事情沒有辦法一次解決，才會太忙，當你能徹底了解事的內容後，很自然地便能將時間分配得當。

問題十一：台塑企業外銷業績優良，這樣優秀的銷售網是如何建立的？

答：其實我認爲我們還是沒有做好。我國鼓勵設立大貿易商是很有趣的事，公司內的小貿易單位都不能把事情做得好了，再說我們對外貿易的信函、電報與外國人所寫來的一比較，便知我們的工作品質還差得遠。外銷要有力量，應養成優秀的業務員如「叫販者」（沿街叫賣物品的人）的精神。說眞的，我的公司並沒有做好外銷業務，也沒有能力做好大貿易商。

問題十二：台塑關係企業優良的採購制度是如何做好的？

答：財務管理、資材管理與採購都有關係。資材一多，資金凍結，資材一少，唯恐青黃不接；所以採購工作應了解生產管制、生產成本，成品一生產出來後，營業管理很重要，如何迅速收回貨款。理財這門子，應將資材、生產、營業、會計等管理都做好，才能使財務情況良好。

採購制度應注意交貨日期、材質、存量……等。總之，內部的資料要整理得完全，才能做好採購工作，這種制度的形成就須依靠整理。

問題十三：台塑關係企業設有許多總經理室專員的制度，執行追蹤、稽查的工作，請王董事長說明這一制度？

答：追蹤、稽查這一工作對大小的企業都很重要，運用教育訓練來加強人員的素質是必需的。在本公司總經理室的人員，經驗並不很多，經驗多而優秀的人則必須派到直線單位去發揮。許多大學畢業的新進人員派到總經理室後，便須安排工作給他們去做，他們做事較客觀，當這些人在推行追蹤、稽查工作時，優秀的單位很合作，而不太理想的單位就會產生抗拒，沒有能力的抵抗性愈大。

當然，受稽查的人不太高興，這是人之常情；可是前往追蹤、稽查的人，說話的態度與言詞是很重要的，應以服務爲懷之心去工作。兩方的衝突也難免會發生，但應逐漸解決其間的衝突，企業才會更形發展，因此經營者應有追蹤與稽查才能做好管理的工作。

國際青商會員提問

王永慶於一九七八年七月四日應臺北市國際青商會之邀作問答式的演講，他回答了青商會會員下面七個問題。

問題一：領導者的企業精神與爲人風格，是管理上的一大要素，請問應如何塑造？

答：身爲領導者最主要的是，本身要費很大的精神去研究改進企業的缺點；並且要把握原則，絕不退縮；領導屬下應以身作則，了解屬下的優點專長，善予發揮；隨時注意他人的困難，並能加以關照。

問題二：大型企業如何杜絕人員組織上的、或是效率費用上的浪費，且進而如何改善？

答：企業家在用人方面，最難的問題是如何認識、了解、領導一個人，並發揮其長處，盡其所能。我認爲各級主管應該深入了解屬下，並能訂定工作程序，予以適當的授權。領導者本身不能太忙，忙是一種落伍的表現。主管級必須有豐富的經驗，知道如何改善作業上的缺點，讓機器有效的利用，品質達到標準，如此才能防止人員組織上的浪費。

至於效率費用上的，我認爲企業家要了解其企業各部門的缺點，能夠不斷去發掘問題，解決問題，對於這份精神必須要用得最多最勤，才能達到效果。現場主管須努力改進操作程序，讓員工有不斷工作、不斷學習的獲益，藉以降低成本，防止不必要的浪費。

處理事務工作的人，要能夠很仔細地收集整理資料，很具體有效地分析資料。目前一般的企業，對於資料的整理與分析顯得不太重視，事實上資料的好壞足以影響所有業務的推展。一件事務不能只注重表面，而疏忽了對內部的分析與檢討，這一方面我們應有合理、加強的必要。

譬如同樣的生產設備與生產量的工作，有的需要員工三百人，有的卻只有一百人就可以生產達到同樣品質的產品，這樣員工較多的工廠就應該去發掘問題，整理分析資料，找出癥結所在，加以改善，並減少至最低費用的程度。或許能夠安排獎勵及競爭的表現，提高工作士氣，加強品質的優良與產量的增加。

目前大部分企業仍停頓在無法授權的階段，企業家本身應了解每一環節的作業人員，使之成為能很恰當地接受責任的強人。這種事情實際執行相當困難，但是卻必須有效且不緩不急、按部就班的進行才是。

問題三：請問王董事長對於勞工保險的看法如何？

答：對於勞工保險，我們都知道中國人的努力、規矩、勤儉、忠實的精神是世界第一的，而勞工的工資卻很低。政府勞工保險的意義相當深遠，但是公私醫院的收費差距卻相當大，對於低收入勞工的能力相當困擾，希望收費差距能夠拉平，並且也希望能夠輔助勞工保險的制度能更為完善，發揮效用。

如何推展單元成本制度

問題四：如何推展進行單元成本制度？

答：資材、財務、生產、營業、人事、原料等多種成本費用，實際上要由每個月結帳的損益表上是無法看得出來的。計算出每一單位的成本開支，收入多少，並建立單位成本標準，訂定其差異百分比；如果有某單位超出差異標準者，則應找出其發生的原因，加以防止。

銷售、生產、呆帳、庫存等財務費用都會影響到成本財務管理方面；產品行銷爲何產生滯銷，是否產品本身有問題，或是其他輔助單位不夠加強？這些也足以對財務方面發生不良的情形。所以必須尋找建立每一單位的成本，如包裝材料或運費方面能否改爲更好更便宜的方式；敝公司去年僅在改良包裝材料後，就省下了六千多萬的不必要開支，這就是單元成本制度的好處。

問題五：在中國社會裡，青年人創業精神很強，請問如何能使高級經營人才繼續留職發揮？

答：這一個問題的發生雙方都負有責任。每個人都希望能得到比以前服務的單位更好的薪資報酬與工作環境；一位已經服務多年的高級幹部所以選擇離職，是因爲另有更好的職位，更高的待遇在等著他。實際上各公司的漏洞相當多，制度也不一定健全，這些也足以造成高級幹部的離去。

當然，我們認識一個人，除了了解他的長處之外，也必須很深切地了解他的短處，然後才能在適當的時機內防止人才的流失，我本身也時常遭遇到此類問題。總之，我一再強調企業家或領導者必須要研究再研究每一個細節、每一個問題，才是一位成功的領導人物。

飲水思源，感恩圖報

問題六：很多名人在事業成功之後，由於幼年的困苦奮鬥，都會在原家鄉提出很多建樹，王董事長對於您家鄉的貢獻也相當多，請問這是屬於哪種心理？

答：有很多戲劇體材都在宣揚年輕人如何上進，如何奮發，而又如何成功的；當然我們看戲不僅要看戲中人如何考中狀元，也一定要看他考中狀元以後的事跡。很多人在衣錦還鄉後，也一定會感恩圖報，努力於地方上的建設。我個人談不上有很好的建樹，但是我正在繼續努力如何來爲國家社會貢獻自己。

問題七：對於喜歡奉承您的人，請問您是如何應付的？

答：如果一位領導者喜歡別人奉承的話，那他的事業必定是危險的。一個人必須虛心地接受別人的意見和建議，絕不能喜歡聽奉承的話。

國際青商會員再提問

王永慶在一九七九年七月以「經濟危機與企業管理」爲題演講之後，回答與會國際青商會會員下面四個問題。

問題一：台塑企業在二十多年間由小企業發展成爲大企業，請問遇到過幾次危機？

答：如果說有危機，那就是在工作中因爲事先沒有充分的準備遭受打擊而感到後悔，這種情形是有的。

一般人對於所謂的運氣想得很多，甚至還有認爲我有什麼秘訣，我認爲秘訣什麼都是騙人的。至於運氣，我認爲昨天以前的事情成敗都可以看作是運氣，但是從現在我們談話這個時間以後的一切，就絕對不能存著靠運氣的想法。

問題二：處於目前生產過剩的時刻，又有石油危機，您如何領導企業度過未來艱苦的五年？

答：剛才講到石油危機會影響到我們，這種情形是存在的，但是我們既然沒有力量促使油價不要上漲，在這種情形下，只有專注於本身經營條件的強化。

至於產量多，產銷不能平衡該怎麼辦的問題，我個人的經驗是這樣的：我還沒有碰到所生產的東西賣不掉的情形，主要是看你本身有沒有競爭的條件，如果產品眞是物美價廉的話，你可以儘量生產，我相信一定可以賣得掉的。

問題三：王董事長最近也在國外投資，請問國內國外的投資環境有何不同，又目前企業界普遍感覺人員不足的情況下，台塑企業仍然穩定，據了解是因爲有合理的獎勵制度，請介紹給我們。

答：我個人的看法，目前我們國內投資環境好的地方是在於情勢的安定，以及擁有世界上第一流的勞力，但是不利的地方呢？就台塑企業而言——我相信其他公司也都相同，出口量占了生產量的百分之八十以上，這是很吃力的。世界各國就連日本在內，也沒有辦法使生產量的百分之八十出口銷售。

但是，這並不是我們經營者本身有什麼了不起的本事，主要是我們有勤勞、良質的勞工。剛才提到怎麼維持員工的穩定，而不使勞力來源缺乏，關於這個問題，首先探究的是，經營者有什麼條件來維繫他的企業的從業人員？除了有政府的保障，有工會合理的辦法，以及沒有罷工事件等等的條件以外，對於勞工的福利以及待遇方面，我們要妥善顧及，使他們能安心工作。

再就是國內投資環境與國外比較，假如我們能眞正做好基礎的管理，是不會輸給他們的。譬如台塑企業在波多黎各所投資的工廠，幾年來一直經營得不好，經了解之後，知道以那種經營管理方式實在無法生存，在不斷的改善之後，老實說，比美國其他工廠的成本都要便宜，產量雖然是一點點，但卻相當賺錢。

我個人以爲，我們輸給人家的地方是生活以及工作的觀念與態度。在台北，每個月三數十萬開支的經營者相當多，而在美國他們是花不起的，我們台灣在花錢的水準上是相當高的；更可怕的是，奢靡的習慣一旦養成，工作的意志就隨之萎縮，這是我們最大的問題所在。所以我實在講，在同樣條件下，對管理能用心，有基礎的話，我保證不會輸給任何國家的任何人。

今天我們還沒有辦法生產高度技術的高級產品，我們的技術還沒有到那種程度。假如他們製造和我們一樣的產品，不管是我們到美國、日本，或是他們到我們這裡來，我們都不會輸給他們的；假如你到美國到日本等先進國家，去從事和他們相同的行業而做不好，那就證明在國內你只是靠廉價的勞工而生存。假如你在國內的經營具備良好管理基礎，有力量競爭的話，我敢保證你到國外仍然是有辦法。

勤勞是我們的優勢

今天，雖然大家比較奢侈、浪費，但基本的習慣還是好的，就像禮拜六還是工作，甚至禮拜天都在工作的。在美國，禮拜六誰要做事呢？一到星期六，紐約市區垃圾一大堆，就無人清掃。我們這一點固有的勤勞美德還在，再幾年後，如果這一點都沒有了，那就會不如人家的；所以趁今天還有這一點條件，大家賣力做好管理合理化的話，到任何地方都能有辦法。

我最近計畫在海外投資，生產原料送回國內使用，在目前來說，這是很重要的。在台灣，缺乏各種原料。以PVC行業爲例，在美國瓦斯、鹽礦來源豐富，取用方便，用瓦斯發電，又有天然氣，又有鹽水，這樣就可生產PVC

了。而我們這裡都需由政府來援助，進口各種原料，然後再加工出口，雖然美國是一個物質來源非常方便的國家，美國有這麼好的條件，是一個投資的天堂，但是爲什麼美金還會貶值，這是值得我們參考的。

我們在其他條件都輸給人家，只有一個勤勞美德還有相當的力量，假如再失去勤勞的特性，那麼一切都會輸給人家。像美國這樣富裕，又有相當大潛在力量的國家，都存在相當的危機，根本原因就是人們不再勤勞了。我們最強而有力的優勢，就是我們仍具備勤勞的特性。

工作沒效率才可怕

問題四：員工的流動率相當高，請問如何防止？

答：這個問題我們分兩方面來講。

他如果有才幹，自己出去轉業也好，創業也好，你都不能怪他；他在你公司做事，一年賺取三十萬塊錢，再多，也不過四、五十萬塊錢，如果他出去能賺一、二百萬，你如何能拉住他不讓他出去呢？

另方面，他可能認爲沒有發展機會，感覺沒有前途。當然年輕人都有一股進取心，尤其是主管沒有辦法領導他，使他灰心了就想走，你也不能怪他。

假如要留住人才，那就是當員工一進公司，主管就要交給他一套東西做，然後他對這件事也有興趣，他自己一邊做一邊學，也就是平時我們所倡導的「在職訓練」；只有他在工作上有興趣、有信心，這樣才可以留得住員工，否則一點辦法都沒有。所以對人事傷腦筋的人自己檢討，不能全怪走的人；走的人可能想法有偏差，但經營者要負一半以上的責任。

我認為走掉一個員工，對公司的損失當然大，但若與濫用不懂事、不會做事的人，而自己還不曉得這樣所可能造成的損失相比較，又不是大問題了。好多企業用沒有能力的親戚朋友，還非常的信任他，如果他自己胡裡胡塗一天過一天，那就算了；如果他不但自己沒有效率，而且影響到他人的工作效率，那就很可怕了。

不要擔心員工要走人，該擔心的是那些沒有走但又沒有效率的人，因為那樣你的企業造成的損失更大。

台灣大學商學研究所研究生提問

王永慶在一九七九年三月二十日應邀在台大商學研究所演講，他回答了研究所的研究生下列六個問題。

問題一：王董事長，由於您不斷地努力，建立了龐大的台塑關係企業，對我國的經濟發展有很大的貢獻；是什麼動力促使您不斷地奮鬥？另外，股東們關心您的健康，您是否已經在培養您的接班人？

答：我先說明我對管理的看法，我認爲管理就是「點點滴滴都要求其合理」。根據我的經驗，人總會做錯事，這是無可厚非的，但只要發現做錯了，就得馬上更正。也許我是個老頑固，經常發現這件事情不對，那件事情不對，發現了就要改正它。我就是這樣不斷地追求每件事情的合理化，我想這就是促使我努力的動力之一。

另一方面，我覺得企業有其應承擔的社會責任，企業的成敗對社會的影響至為深遠，這也促使我兢兢業業不敢絲毫放鬆。其次關於接棒人的問題，我公司內部不是沒有人才，但也許是我要求太嚴，我始終覺得他們還有待訓練。我將來的接棒人，可能不只一人，而是由十個人左右所組成，當然裡面必須有一個領袖。

問題二：今天報紙上提到，您認為一個企業成功的關鍵在於管理制度的建立，而不在於主持人的健康。今天台灣所流行的家族企業都沒有健全的制度，尤其是人事方面，這是不是它們的規模始終停留在某一階段的因素？

答：家庭式的管理在小規模企業而言，是有其優點，但發展到某一階段，想要重新建立合理的制度是不太可能的，因為自己人的既得利益不會輕易放棄掉。

至於說當初為什麼不一開始就避免家族企業的產生？我想請問你，如果你研究所畢業，姐夫請你到公司當經理，給你八分之一的股份，你願不願意參加這個家族企業？你們覺得台灣的企業管理都不上軌道，但我已經很努力地在做，誰想讓管理上有漏洞？誰不想改進？

我剛才講過「管理是點點滴滴求其合理」，美國那些大企業的建立也經過一百多年點點滴滴的經驗累積。我們要追上他們，萬不能照單抄襲，必須學問與經驗配合，慢慢琢磨出自己的一套東西來。

書本上那些管理上的學問，都是美國企業經驗累積及學者研究的成果，我們如果還沒有發展到他們的階段，就很難體會這些學問的真意。所以我們是在經驗中求改進，慢慢體會，並與學識配合以加速學習的過程。

培養人才的訣竅

問題三：台塑關係企業有沒有一套培養人才的完整制度？

答：如果說制度上規定，上級對屬下必須好好地指導，做錯了事要更正他，而上級卻讓屬下自生自滅，這算不算制度？所以企業中最要緊不過的就是人，光有制度而不去實行，等於沒有制度。培養人才主要是靠人而不是制度。

問題四：電腦部門接到命令要做一個系統分析與設計的工作，這種工作不同於一般事務性的工作，完全屬於用腦方面，外人無法查知其工作進度，像這種特殊的工作任務，貴公司是否有什麼特殊的辦法來考核他們的績效？

答：電腦方面的知識我是一竅不通，但對制度我卻能掌握一點，那就是，制度必須具有彈性。你剛剛提到的情形顯然要用專案考核的辦法。

我們換個最常見的情況來說，譬如交際費的報銷規定是五百元的限額，而今天的場面特殊，必須花一千元請客；如果我打電話回去申請核准，剛好主任不在，我是否就不要請客了？制度上規定可以事後申請報銷，是否比較合理？

政府機關的辦事規章一大堆，應該算是很有制度，但是否很有效率？企業管理與行政管理的重要差別，就在於制度要有彈性。

有競爭才會有進步

問題五：美國與中華人民共和國建交以後，國人甚爲關心資本及技術密集工業的發展，您認爲有什麼有效辦法促進工業的加速升段？

答：這個問題曾經在政府召開的工商座談被提過，我個人覺得有競爭才能刺激與進步。我建議開放一個自由港，使貨物進出港口免徵關稅；而且要強迫國內廠商注意管理，降低成本。

如果經不起考驗，就必須放棄這些邊際產業，將資金移轉到需要的工業上。幼稚工業的奠基固然需要政府的保護，但沒有發展價值的，就沒有必要保護。

在經濟發展的同時，有一件事情值得我們思考。如果你回去問你的家長，這幾十年來的經濟繁榮帶給他們哪些幸福？他們很難回答你。原來兩個兄弟爲了生活努力工作，雖然吃苦耐勞，精神上還很愉快。等到有錢了，卻要鬧著分財產，晚上還要打打小牌。我們能說有錢就能增進幸福嗎？所以，在我們追求工業升級的同時，文化生活方面也是不容忽視的。

勤勞是最重要的成功因素

問題六：在您成功的過程中，您認爲哪一項因素最重要？有沒有運氣的成分？

答：今天以前有運氣的成分，今天以後就不能靠運氣。成功的最重要因素是勤勞，從基層幹起。

台灣的資源很有限，輕工業的發展應歸功於廉價的勞工；如果現在的工資與日本、美國看齊，那麼一百家工廠就會一百家倒閉；信不信？如果美國週末也要上班，美元很可能就不會貶值了。

我們的經濟就是靠國人克勤克儉建立起來的，勤勞是我們的美德，也是成功的最重要因素。

還有，一個公司的資源可分爲有形的與無形的兩類，無形的就是人的智慧及品行等，無形的因素應重於有形的因素。一家公司發生多少錢的損失，只要算得出來，就不是很嚴重的損失；如果一家公司的員工工作士氣低落，這個損失就很嚴重。

總之，成功的關鍵就是這些無形的資源。

美國華僑提問

王永慶在一九八三年十月二十九日應美國華僑之邀，在美國哥倫比亞大學以「從企業管理之觀點看台灣經濟發展」爲題作專題演講。

在演講之後，王永慶回答了下面八個問題，其中第一至第三個問題，是由一位自稱來自香港的華僑所提出的。

企業倒閉是正常現象

問題一：台灣發生那麼多企業倒閉事件，其中又有相當比率是屬於惡性倒閉，有觸犯法律的嫌疑，甚至企業負責人捲款逃國外，台灣經濟如此混亂，也說不上守法，對此，你的見解如何？

答：無論是台灣或者其他任何實施自由經濟的地區，在市場自由競爭的情況下，隨時都會有企業倒閉，尤其是遇到不景氣，倒閉的情形自然會比較嚴重。無論以經濟發展或者企業經營的觀點來看，這都是正常的現象。例如比較先進的日本，每年倒閉的企業都不計其數，但是他們的社會認爲這是平常事，報紙也不怎麼報導。

透過自由競爭，淘汰體質不佳、營運績效不良的企業，就好像企業界清除髒亂一樣；這些企業被淘汰後，就能讓出空間，同時將原所掌握的社會資源，轉由其他效率更佳的企業運用，發揮更大的經營績效，對於經濟發展應該是有助益。

就好像我們種菜撒下種子，不可能要求粒粒種子皆生根發芽，總有一些生存力較差的種子遭受淘汰，讓其他生存力較佳的種子獲得足夠的空間，吸收土壤中有限的養分，發育得更好，對於收成而言，並不是一件壞事。

又譬如種果樹，也必須剪枝才能減輕無益的消耗，讓樹株本身所獲取的有限營養，充分用於結果之需。

因此，我認爲我們應該不必過分憂慮有多少企業倒閉的問題，效率差的企業本來就應該倒閉。有不守法的經濟犯逃到海外，正好爲國內社會消除髒亂，雖然國內會因此蒙受一些損失，但是長遠看，卻不必過分擔憂。

肯努力就不怕強敵

問題二：韓國一切都在突飛猛進，他們也和台灣一樣，缺乏天然資源，但是照他們工業發展的速度看來，已經有超越台灣的趨勢，將來在國際市場上競爭，台灣能和韓國抗衡嗎？

答：韓國給外人的深刻印象就是朝野一條心，共同努力追求發展前途，儘管缺乏天然資源，同時有外來的軍事威脅，但是舉國一致的旺盛企圖心，絕對不可輕視；如果他們照這樣繼續努力，韓國將來一定會成爲了不起的國家。對於這種情形，我們應該深刻了解，他們的成就純粹是努力獲得的，我們也要繼續加強努力，這一點最重要。

至於將來我們能不能在國際市場上和韓國抗衡，主要關鍵在於誰比較認眞、肯幹，除非我們認眞程度不夠，否則絕不致輸給他們。

在這裡，我願意以台塑企業做個例子說明。由於台灣國內市場狹窄，因此纖維或塑膠製品，百分之九十以上都必須依賴外銷；在國際市場上競爭求生存，發展經濟的條件並不比韓國有利，因韓國內銷市場所占比率比台灣多幾倍，而且採取以內銷彌補外銷的政策。台塑企業生產人造棉，韓國原來也有設廠投資五、六千萬美元經營此一產品，目前我們人造棉的產量還在擴充，可是他們生產人造棉的工廠去年已經關閉。

再譬如PVC粉，台塑企業無論是在生產數量，或者製造成本方面，都超越韓國的廠商。韓國強的地方，我們要稱讚他們，但是我們自己不要忘了，這全是努力得來的，只要肯努力，我們不至於落後他們。

發展是一步一步漸進的

問題三：東南亞一帶工資比台灣便宜數倍，甚至有僅及台灣十分之一者，以如此低廉工資條件，興辦各種工業產品和台灣競爭，你認為將會造成何種程度的威脅？

答：工資便宜是發展經濟的有利條件，但是如果只有此一條件，並不足構成威脅；相對的，台灣逐漸喪失這一條件，也未必意味著今後的經濟發展將產生遲滯的現象。發展是一步走過一步而來的，今後我們面臨的問題是能否開發技術，提高產品附加價值，如果能夠做到這一點，東南亞地區的威脅並不足憂慮。

如果他們工資便宜，又有本事，發展各項工業產品參與競爭，威脅性當然很大，但是受到威脅的並不只是台灣。就好像紐約市，假定原來有一百家chain store（連鎖商店），現在新開張了十家或者二十家，甚至五十家，競爭當然會比較激烈；但是這新加入的chain store，並不只是和原來一百家其中的某一家競爭，而是和全體競爭；假定需求不變，任何一家被淘汰的機率都一樣，在這種情況下，只怕自己不努力求進步，否則就沒有什麼可以擔心的。

依賴就會導致失敗

問題四：請問台灣興建大汽車廠的計畫會不會成功？

答：大汽車廠還沒有正式投資設立，在這種情況下，雖然有關方面內定我擔任大汽車廠的負責人，目前以我的立場，自不便談論這個問題；尤其是這個事業還沒有開始經營，我所能知道的也很有限，不過既然提到這個問題，我不妨以另一個角度談談個人的意見。

台灣確實有需要致力發展汽車工業，因爲它會帶動機械工業，而後者又爲工業之母，隨著汽車工業的建立，將能產生促進各種工業發展的效果，這是自然的道理，無須多說。

汽車工業會不會成功，主要關鍵仍然是自身的努力。我要強調的是，我們千萬不能認爲合作的對象已經很成功了，我們和他合作，他就會庇蔭我們；如果存有這種念頭，怎麼做都要注定失敗。我們應有的態度是，他已經成功，我們就要努力向他學習，藉這種方式求取自我的成功。

其次，合作對象的選擇也非常的重要，這就牽涉到「有所謂」與「無所謂」的問題。假定合作對象，他本身所處的環境也和我們一樣，缺乏資源，一定要依靠大量外銷，那麼他對於移轉技術給我們，並且協助我們外銷就會「有所謂」了。但是假定是和美國的廠商合作，他市場很大，不怕移轉技術給你，甚至還能夠向你購買使用那些技術所製造的產品，那麼，對方就是比較「無所謂」的合作者。

「有所謂」的合作者，基於切身利害關係所在，處處都須留一手，或者防你一招，對我們來說，自然比較不利；可是話說回來，我們也不能因此怪他誠意不夠，因為在可能威脅到他的情況下，他不能不做預防。

因此，當我們選擇對象時必須考慮到，什麼樣的條件才能符合建立大汽車廠的宗旨，這些條件對方如果能接受，不怕我們取得，心態上比較「無所謂」，我們就應該選他。對於「有所謂」的對象，我們也無須苛責，因為他也是為了生存。

我不是經濟部長的料

問題五：現任經濟部長趙耀東先生有「鐵頭部長」的雅稱，但是卻做得非常辛苦，如果有朝一日請你擔任經濟部長，你能不能接受？

答：趙部長對於經濟很內行，而且在經營中鋼時，也有非常特殊的績效，為人做事，一向秉持民主、開明的作風，而且是一位肯犧牲自我的人，自就任經濟部長以來，採取各項措施也大體都很正確，確確實實值得我們學習和敬佩的。

可是我這樣說，並不是表示趙部長一無缺點，他的剛直、急性子，以某種角度來看，是頗令人激賞的，但是卻也是造成他做得非常辛苦的主要原因之一，而我認爲他應該可以不必做得這麼辛苦。不過整體來說，我們都認爲由他繼續領導，台灣的經濟會更進步。

將來由誰接任，我相信在趙部長的督導之下，經濟部裡頭一定可以產生適任的人選。至於我本人，在某些條件方面，或許還具備一點，但是我所有的條件加在一起，卻不夠做爲經濟部長，同時我也不是那種材料，這是很清楚的事。不要說有關當局不會考慮到我，即使考慮到我，我也不敢接受。

問題六：請問在王董事長心目中，台塑企業是不是已經有了適任的接棒人選？

答：選擇接棒人，實際上是一件很重要而又困難的事情，但是話說回來，道理卻又很簡單。

一般來說，如果企業管理有合理化，事事明朗就能訓練出可用的人才；在這些人才當中，自然可以選出適任的接棒人，否則的話，就不只是有無接棒人的問題，甚至連人才都缺乏。

更重要的是，企業的管理制度能不能造成員工的切身感；有了這個良好的制度，人人就會努力奮鬥，培養出眞正的力量，這個時候才會有突出的接棒人員。因此，對我來說，最應該關切的還不是目前有無接棒人選，而是有無能夠造成切身感的良好管理制度。

婦人之仁對誰都不好

問題七：王董事長接管Baton Rouge及Delaware兩個工廠以來即大舉裁員，那些被裁撤的員工將面臨生活的困境，請問您有替他們著想嗎？

答：我接管這兩個廠以後，所面臨的抉擇是大事改革，或者聽任現狀繼續下去，沒有第三條路。

如果我只考慮人情，讓現狀繼續下去，極爲明顯的結果將是，工廠無法經營而關閉；那個時候所有的員工都要失業，換句話說，就是同歸於盡。這種婦人之仁的做法，勢將造成全體員工都陷於生活的困境，對任何人都沒有好處。對我而言，投資事業如果被這樣拖垮，固然是損失不貲；但是我認爲這還是其次的問題，最重要的是，身爲企業的經營者將無法對那些能夠勝任工作職務、盼望著你做有效領導的員工交代，同時也根本違背了企業經營的道理。

就像我前面所說的，種植果樹要剪枝一樣，任何一個團體，人和事的安排必須有適當的配合。人太多的話，大家無所謂，力量養成不起來，不單是三個和尚沒水喝的問題，甚至整個團體都會腐化掉。

我並非沒有替那些員工著想，但是無論如何必須顧全大局。那些被裁撤的員工，一時之間當然會有困難，但是他到別處實際需要他的公司服務，就有適當的工作讓他做，發揮他的專長。對他來講，這樣一定也比勉強留在原公司一段時間以後，大家同歸於盡要好。

工會絕非蠻橫不講理

問題八：據我了解，Baton Rouge和Delaware廠都有相當的歷史，一般來說，如果經營不善的話，工會的抵制力量會特別強，請問您是運用什麼方法，圓滿處理裁員的問題？

答：我就是將我以上的看法告訴工會，他們考慮的結果，認爲正確就接受了。工會約束不合理的地方當然有，我們也遭遇過，可是雙方可以提出意見充分溝通，一旦你能指出不合理的所在，提出合理的見解，工會也能接受。

這種經驗讓我體會到，原來一些不合理的約束所以能夠成立、存在，主要原因不是工會蠻橫不講理，而是管理階層、甚至經營者不用心，以吃頭路的態度做事情，樣樣能夠妥協，不要起爭議就好了，合理不合理則非所問。

舉個例子說，在我們接收的工廠，工會有一項約束，機器如果有那一部分故障了，操作員不可以處理，一定要等機器修理人員來，來了以後，如果發現是電器的問題，也不能處理，要通知電器人員來。這樣一層一層的等候，我們認為沒有道理，提出來和工會談，道理說通了，他們立刻就能接受，解除這項約束。

說到這裡，我又有一個很深的感慨。在Baton Rouge廠，只要員工願意，可以允許他連續工作十六小時，兩天的工作，一天做完，不算加班，也無須向主管機關報備。但是在國內，有人說連續工作八個小時已經夠辛苦了，所以勞動基準法草案中，對於連續工作的時數，有非常嚴格的規定。必須報當地主管機關核備後，才准延長工作時間，男工一天不得超過三小時，女工不得超過兩小時，必須有天災、地變或突發事件，才可以再延長工作時間（勞基法第三二條）；換句話說，只有遇上天災地變或突發事件，才能讓員工加班四個小時。依照這項規定，連續性生產的工廠，如果臨時有員工因故未上班，恐怕生產線就必須停掉了；令人深深覺得，我們好像還沒有富，就先貴起來了。

我們在美國建廠，工程承包廠商施工時，都能主動按規矩做，如果有做不好的地方，他們也會自動重做或修改，我們甚至不須派人去監工。

舉個例子來說，我們建廠所使用的是，規格較高的預拌混凝土，有一次廠商弄錯了，把供應給鄰近其他買主規格較差的預拌混凝土送到我們廠內使用；我們並不知道他們交錯了貨，可是他們的工作人員發現了錯誤，主動告訴我們，並將已澆築的混凝土打掉重做，還賠償模板的費用。

在工程施工進度方面，承包廠商也都能按時完成。美國人雖然週六和週日不上班，可是到了週五中午，一定檢討施工進度，如果有落後，就利用週六甚至週日趕完進度，很有責任感。守法的精神也令人欽佩，絕對不會圍標，這和國內的情形截然不同。

我們在管理以及科技等方面和美國人比較，還有一大段距離。過去經濟蓬勃發展，大部分是依賴國人勤勞樸實的美德，彌補了各項條件的欠缺。今後仍然有待運用此一力量配合，謀求加速進步，如果我們這一方面再輸給他們，將來的發展就很有限了，這也是國人應該重視的問題。

年表

西元　民國　年齡　大事記

1917年（6年）　1歲　出生於台北縣新店直潭里（俗稱「情人谷」）。王永慶的名字是由他教書的祖父王添泉所取的。

父親王長庚以買賣茶葉維生，收入微薄，生活困苦。

1922年（11年）　6歲　王長庚突然身染重病。

1923年（12年）　7歲　王家雖然窮困，可是仍然非常重視子女的教育，把王永慶送到離家約十公里的到新店國民小學就讀，王永慶每天上下學要步行二十公里。

1925年（14年）　9歲　王父病倒在床，一家的生計全靠王母種菜、種番薯、養豬來維持，王家陷入最艱苦的一年。

王父為免全家受其重病拖累，在茶葉工作間上吊自殺，幸好被王母發現及時救了下來。

1931年（20年）15歲
王永慶小學畢業後，由於在家鄉找不到工作，所以在叔父王水源的介紹下，到嘉義當米店的小工。

1932年（21年）16歲
王永慶以父親四處借來的兩百元做本錢，在嘉義開一家米店。

1933年（22年）17歲
爲增加利潤，王永慶把米店擴大爲碾米廠。

1942年（30年）25歲
因爲缺乏肥料與戰爭的關係，日本政府在台灣實施米糧配給制度。米的供應採行「共精共販」，王永慶的碾米廠被迫關門。

1942年（31年）26歲
王永慶以十年辛苦經營米生意所賺的錢，在龜山廣興買下二十一甲半的山林地，從一無所有的貧寒子弟一躍成爲小地主。
先後在嘉義民雄與板橋開設磚廠，後來因不易取得燒窯用的煤炭而關門。
飼養瘦鵝獲得啓示，悟出「瘦鵝理論」。

1943年（32年）27歲
在建南汽車貨運的林老先生資助之下，王永慶踏入木材生意。
不久，由於缺乏經驗，以致血本無歸。這是他前半生最黯然的時期，所幸林老先生再資助他，才得以站穩腳步。

1945年（34年）29歲
大弟王永成因肺病逝世於嘉義，享年僅二十六歲。
八年抗戰勝利，台灣光復，一切建設方興未艾，建築業呈現蓬勃景象，王永慶的木材業跟著建築業水漲船高，業務蒸蒸日上。

1946年（35年）30歲做木材生意賺了錢，積蓄已達五千萬元。

1947年（36年）31歲 一月，恢復碾米廠生意。四月十一日，飛來橫禍，警察局藉越區運糧的罪名讓王永慶莫名其妙被拘禁了二十九天。

1944年（43年）38歲 在美援之下，政府展開第一期四年經濟建設計畫。玻璃、紡織、人纖、塑膠原料、水泥等工業，均在輔導之列。塑膠原料原屬意企業名人何義辦理，何義因故放棄，乃由王永慶接手。三月，王永慶登記設立台灣塑膠工業股份有限公司。自有資金約五十萬美元，美援有六十七萬美元。

1957年（46年）41歲 三月，台塑建廠完成，正式開工生產，每月產量一百噸。塑膠加工業者對台塑PVC塑膠粉的品質沒信心，從三月到十二月，台塑所生產的PVC塑膠粉一噸也賣不出去，庫存堆積如山，王永慶幾乎山窮水盡、無以爲繼。

1958年（47年）42歲 爲推銷台灣的PVC塑膠粉，王永慶設立南亞塑膠公司。台塑第一次擴廠，月產量由一百噸增至二百一十噸。

1960年（49年）44歲 台塑完成第二次擴廠，產量激增至每月一千二百噸，成本大減，具備了外銷的競爭條件。南亞塑膠的二次加工品質慢慢穩定下來。接著設立卡林、新東等三次加工廠，生產雨衣、浴室簾布、尿褲、皮包等塑膠製品，逐漸打開ＰＶＣ塑膠粉的銷路。

1961年（50年） 45歲 八月八日，王永慶的父親王長庚逝世，享年七十四歲。

1963年（52年） 47歲 獨自斥資新台幣一億五千萬元創辦私立明志工業專科學校。次年秋季，在教育部核准之下，正式招生。

1964年（53年） 48歲 設立台灣化學纖維股份有限公司。

1966年（55年） 50歲 悟透生與死的道理。王永慶說：「一個人永遠不能回憶自己出生時的情形，一個人也永遠想不到自己何時死亡。所以我們在活著的時候，要時時提醒自己，這樣我們就可以放開胸懷，趁活的時候，多做一點對社會大眾有意義的事，等到我們死了以後，會有活的人想念我們，讚許我們，才算對人生一場有了交代，沒有辜負此生此世。」

1968年（57年） 52歲 十二月九日，台塑高雄廠大火。

1971年（60年） 55歲 呼籲用瓦斯取代木材做燃料。若用瓦斯取代木材做燃料，一年可節省九千四百五十萬美元。

1974年（63年） 58歲 六月三十日台塑增資股的收盤價只有二百零二元。王永慶依照約定每股退回四十二元，一共退了四千萬元，開創股市空前的紀錄。

1975年（64年） 59歲 元月九日，獲得美國聖若望大學贈授榮譽博士學位。他在典禮中致答詞時，堅持不用英語而用國語。他可能是在聖若望大學贈授榮譽博士學位的歷史上，唯一不用英語致答詞的人。

1976年（65年） 60歲 七月，因肺結核赴美接受手術治療。

爲了紀念早年生病缺乏良好醫療照顧的先父王長庚，特捐款新台幣二十億元設立不以營利爲目的的財團法人長庚紀念醫院。

1978年（67年） 62歲 台塑集團企業的營業額突破十億美元，此一成就證明台塑具備了與世界大企業競爭的條件。

英國建利百聯銀行、英國運通銀行與美國信孚銀行聯合放款一千五百萬美元給台塑。此項貸款之年利率是我國民營企業貸款外幣利率最低的一次。同時，這三家放款銀行僅要求王永慶個人擔保，並未要求我國銀行保證。「王永慶」三個字在自由世界已成爲「信用」的象徵。

1980年（69年） 64歲 爲解決PVC原料缺乏的問題，王永慶在美國德州休士頓買下一家石化廠，並將之籌建爲一家全世界規模最大的PVC塑膠工廠；其中包括一貫作業的氯乙烯和聚氯乙烯廠各一座，年產量各爲二十四萬公噸。

在明德基金會的資助之下，成立「生活素質研究中心」。

1981年（70年） 65歲 爲了節省PVC原料的運費以降低成本，王永慶成立全國第一支化學船隊，直接從美國和加拿大運回PVC的中間原料二氯乙烷，原來每噸一百美元的運費跌到四十美元。

在美國路易斯安那州向英國卜內門公司（ICI）買下一家石化廠。

1983年（71年）66歲　在美國德拉瓦州向史托福石化公司（Stauffer Chemical）買下一家乳化式PVC粉廠。

1983年（72年）67歲　以一千九百五十萬美元買下美國JM塑膠管公司的八家PVC下游工廠。

台塑生產PVC粉每年五十五萬公噸，加上美國廠生產的每年三十九萬公噸，合計年產量達九十四萬公噸，成爲世界上產量最大的PVC製造廠商。

南亞塑膠公司每年須耗用PVC粉三十餘萬公噸，製造各種軟硬質塑膠製品，也成爲世界上規模最大的PVC塑膠二次加工廠商。

宣布要在花蓮設立崇德工業區，籌建一座年產六百萬噸，國內規模最大的現代化水泥廠，後因遭水泥業者與保護自然景觀者的反對而作罷。

1984年（73年）68歲　正式投入資訊工業的行列，並以印刷電路板投石問路，投資新台幣八億元，興建東南亞第一座全自動化的印刷電路板廠。

1985年（74年） 69歲 王永慶與弟弟王永在合捐新台幣一億元給政府，創下私人捐款的最高紀錄。擔任經濟革新委員會產業組的召集人，並親自動筆完成一本十萬言的建言書，送給經革會參酌。後該建言書由經濟日報以《革心．革新》之書名出版。

為了協助中小企業改善體質，以因應未來激烈的競爭，決定出錢出力，以研討溝通的方式，把台塑的管理制度與管理經驗，傾囊授予下游工廠。

1986年（75年） 70歲 王永慶於四月二日公開宣布，在五年內，所有在死亡後捐出器官遺愛人間的人，他將贈給十萬元喪葬補助費，以提倡國內捐贈器官的風氣。

十月三十一日，王永慶捐贈一所價值七億八千萬元的體育館給政府。該體育館有十五層樓高，可容納一萬五千名觀眾。

政府核准台塑興建六輕。並與當時宜蘭縣長陳定南在華視針對六輕的環保問題做公開辯論。

1987年（76年） 71歲 創辦長庚醫學院。

1988年（77年） 72歲 創辦長庚護理專科學校。

十月，投資十三億兩千三百萬美元，在美國德州興建一座輕油

1990年（79年）74歲 一月，王永慶首度赴大陸考察投資環境。

四月，王永慶發表，〈石化業如何把根留在台灣〉萬言書。

十二月，前立委陳定南率領反六輕民眾包圍台塑大樓。

1991年（80年）75歲 八月三日，台塑宣布六輕決定於雲林麥寮設廠。

1993年（82年）77歲 六月，王永慶的長子王文洋由南亞四部經理升任協理，接班的態勢逐漸明朗。王文洋並被《商業周刊》推選為一九九三年商周風雲人物。

七月五日，台塑宣布六輕正式開工。

八月三十日，王永慶出版《生根‧深耕》一書。

1994年（83年）78歲 三月二十九日，王永慶公開宣布，台塑已決定結合下游業者赴大陸投資設立PVC管工廠。

1995年（84年）79歲 五月，王永慶的母親逝世，享年一〇八歲。

十一月，王永慶的長子王文洋因「呂安妮事件」離開南亞塑膠，於是接班人選混沌不明。

1996年（85年）80歲 王文洋赴大陸創立宏仁集團，計畫生產塑膠產品、電子科技與半導體晶圓代工。

1997年（86年）81歲 五月，王永慶出版《王永慶把脈台灣》一書。

1998年（87年） 82歲

十一月，王永慶出版《台灣活水》一書。

五月，台塑正式踏入汽車業，初期開發電動與汽油混合車，長期開發無污染的電動車。

十二月，發生中外矚目的仁武廠汞污泥事件，對台塑的形象傷害甚大。

1999年（88年） 83歲

六月，王永慶出版《台灣願景》一書。

2000年（89年） 84歲

三月，前監察院長王作榮在出版的新書《壯志未酬》中極力推崇王永慶，他認爲台灣第二代企業家應學習王永慶腳踏實地的作風，不能再走投機路線。

2001年（90年） 85歲

一月，王永慶出版《王永慶談話集第一至第四冊》等四本書。

三月，台塑預備在大陸寧波投資五十億美元，設立石化專區。

六輕第一、第二期工程完工，台塑集團競爭力大增。

2002年（91年） 86歲

王永慶宣布台塑集團由李志村、吳欽仁、王文淵、王文潮、楊兆麟等組成「五人小組」集體領導。

2003年（92年） 87歲

王永慶宣布「五人小組」加入女兒王瑞華，成爲「六人決策小組」。

2004年（93年） 88歲

三月，桃園龜山長庚養生文化村正式推出，斥資一百多億，有四千多戶，可容納六千多位銀髮族。

十二月，嘉義太保長庚養生文化村動工。

王永慶積極推動「回收廚餘，淨化環境」的計畫。

國家圖書館出版品預行編目資料

王永慶奮鬥傳奇／郭泰著. —— 初版. —
— 臺北市：遠流， 2005 [民94]
面； 公分. ——（實戰智慧叢書；310）

ISBN 957-32-5539-1 （精裝）

1. 王永慶一傳記

782.886 94008402